职业院校市场营销专业精品系列课程

# 商品流通

主　编　何　牧

副主编　曾君元　陆筱莹　黄有乐　余雪香　苏秀杰

参　编　卢彦廷　黄芳娜　唐丽君　李　倩　冯　露

鲁　鑫　黄小玲

中国财富出版社有限公司

**图书在版编目（CIP）数据**

商品流通／何牧主编．—北京：中国财富出版社有限公司，2021.8（2025.8重印）
（职业院校市场营销专业精品系列课程）
ISBN 978-7-5047-7514-6

Ⅰ.①商…　Ⅱ.①何…　Ⅲ.①商品流通—中等专业学校—教材　Ⅳ.①F713

中国版本图书馆CIP数据核字（2021）第172439号

| | | | | | |
|---|---|---|---|---|---|
| **策划编辑** | 李彩琴 | **责任编辑** | 张红燕　杨白雪 | **版权编辑** | 李　洋 |
| **责任印制** | 尚立业 | **责任校对** | 孙丽丽 | **责任发行** | 董　倩 |

| | | | |
|---|---|---|---|
| **出版发行** | 中国财富出版社有限公司 | | |
| **社　　址** | 北京市丰台区南四环西路188号5区20楼 | **邮政编码** | 100070 |
| **电　　话** | 010-52227588转2098（发行部） | | 010-52227588转321（总编室） |
| | 010-52227566（24小时读者服务） | | 010-52227588转305（质检部） |
| **网　　址** | http://www.cfpress.com.cn | **排　　版** | 宝蕾元 |
| **经　　销** | 新华书店 | **印　　刷** | 北京九州迅驰传媒文化有限公司 |
| **书　　号** | ISBN 978-7-5047-7514-6/F·3349 | | |
| **开　　本** | 787mm×1092mm　1/16 | **版　　次** | 2022年2月第1版 |
| **印　　张** | 9.5 | **印　　次** | 2025年8月第3次印刷 |
| **字　　数** | 170千字 | **定　　价** | 42.00元 |

# 前　言

商品流通连接商品的生产和销售，是保障商品完成“惊险一跳”的重要条件。商品流通的地位和作用决定了其在经济生活中的重要性，商品流通发育的程度直接影响生产的发展程度。随着美国次贷危机的蔓延，我国的出口受到了严重的冲击，导致出口大幅下滑、国内产出相对过剩、投资需求不旺。在此背景下，国家提出了扩内需、调结构、保增长的战略目标。

近年来，随着电子商务的发展，我国零售业发展面临着巨大挑战，零售行业整体规模增速明显下滑，实体店和纯电商的弊端不断显现，经营变得困难，实体店“关门潮”加剧，网店销售量下滑，传统零售业亟待转型。2016 年 10 月 13 日，马云在杭州云栖大会上提出“新零售”的概念；2016 年 11 月 11 日，国务院办公厅发布了《国务院办公厅关于推动实体零售创新转型的意见》，明确了推动我国实体零售创新转型的指导思想和基本原则。“新零售”一时间站在了社会舆论的风口浪尖，成为传统零售业发展的方向。在“新零售”的趋势下，传统零售业纷纷开始转型，寻找新的利益增长点。

本书主要分为八个项目，项目一为认识商品流通，包括我国商品流通发展现状；我国商品流通发展趋势；商品流通的规律；商品流通的内涵与外延；电子商务下的商品流通。本项目的学习目标为促使学生了解我国商品流通的发展现状与趋势；了解电子商务对商品流通的影响；了解商品流通的含义、形式及作用；初步具备商品流通思维；能够运用商品流通规律初步分析商品流通问题。

项目二为商品流通过程，包括商品流通过程；商品流通过程的内容；商品流通具体环节；影响商品流通环节的因素；什么是商品流通渠道；影响商品流通渠道的因素。本项目的学习目标为促使学生了解商品流通过程的含义、本质特征；了解商品流通过程的内容；了解商品流通环节的含义、影响因素；了解商品流通渠道的含义、类型、表现形式及影响因素；能够分析商品流通过程；能够根据需求合理选择商品流通的渠道。

项目三为商品包装与设计，包括包装的功能；包装的分类；包装设计的基本流程；包装设计的创意方法。本项目的学习目标为促使学生了解在商品流通过程中，包装的功能与分类；熟悉商品包装设计的创意方法；能够掌握商品流通过程中包装设计的操作流程。

项目四为商流，包括商流的概念、构成、职能；商品采购概述；商品采购业务；商品营销概述；商品的营销方式。本项目的学习目标为促使学生了解商流的概念、构成、职能；了解商品采购的概念、原则；了解商品销售的概念、销售方式及影响销售方式选择的因素；能够按流程完成商品采购业务；能够根据实际情况选择合适的销售方式。

项目五为物流与信息流，包括了解“互联网 + 物流”；了解共享物流；了解物流 + 电子商务；了解信息流；信息流运动过程；智慧物流技术；智慧信息流技术。本项目的学习目标为促使学生了解新时代背景下商品流通中的不同物流模式；了解信息流的概念、内容；了解物联网技术在商品流通中的物流、信息流的应用；能够对商品流通中的物流模式进行分析；掌握信息流的运行过程及其应用；能够结合案例分析互联网对物流、信息流的改变。

项目六为电子商务商品流通，包括产需互动模式；产销结合模式；自建电子商务网站直销；利用互联网经销或代销；利用互联网购销。本项目的学习目标为促使学生了解电子商务的商品流通常见模式；了解电子商务商品流通的几种渠道；能够根据电子商务商品流通模式与渠道设计出电子商务商品流通的基本流程。

项目七为新零售商品流通，包括我国的零售业发展历程；我国的零售业发展趋势；新零售的本质；新零售 + 新物流；新零售商品流通流程；新零售采购管理；新零售销售管理；新零售物流管理；新零售信息管理。本项目的学习目标为促使学生了解我国的零售业发展历程与趋势；了解新零售本质、新零售商品流通流程；了解新零售商品流通管理的特点、方法；能够根据新零售商品流通流程梳理出管理的各个环节；能够根据新零售商品流通的特点制定出商品流通管理规范。

项目八为流通政策，包括流通政策的概念；为什么需要流通政策；流通政策的结构；流通政策的目标；流通竞争政策。本项目的学习目标为促使学生了解流通政策的概念及为什么需要流通政策；了解流通政策的结构与目标；能够运用流通竞争政策。

# 目　录

# 项目一　认识商品流通

## 思维导图

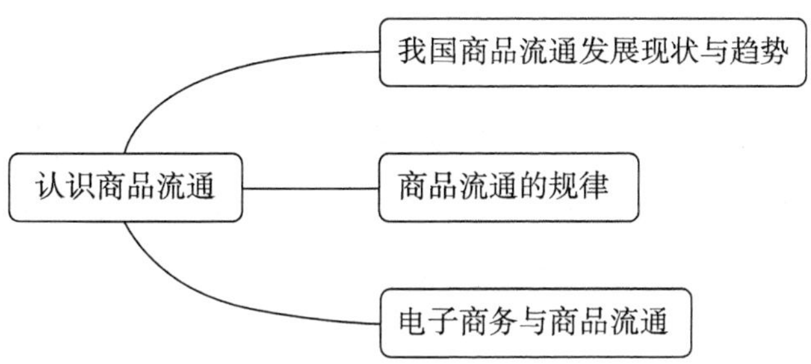


## 学习目标

1. 了解我国商品流通的发展现状与趋势；
2. 了解电子商务对商品流通的影响；
3. 了解商品流通的含义、形式及作用；
4. 初步具备商品流通思维；
5. 能够运用商品流通规律初步分析商品流通问题。

## 任务1　我国商品流通发展现状与趋势

### 一、我国商品流通发展现状

#### （一）商品流通发展的现状

**1. 总体现状**

从总体上看，商品流通现状如下。①商业产业总量发展迅速。②在商品市场体系上，有形市场建设、批发市场、零售市场等方面得到极大扩张。③形成了百货商店、专业店、购物中心、超级市场、便民店、连锁店、仓储式销售、邮购、直销等多种业态并存的局面。④电子商务对商业营销、采购和物流等提出了全新的概念和挑战，并受到关注。⑤对商品流通宏观实施间接调控。

**2. 结构特征**

从结构特征看，商品流通现状如下。①批零结构。批发业革命已经发生，其表现在商品流通的主导权已从批发向生产和零售转移。20 世纪 80 年代末中国批发市场开始萎缩，以批发为中心的消费品流通体系逐渐没落。零售业革命已经发生，特别表现为各种零售渠道的建设和发展。1995 年的销售净利润下降，表明以大商场为代表的第一次零售业革命高潮已经过去，而连锁经营还处于初兴阶段。②所有制结构。商业所有制结构有了明显变化，非公有制占据极大份额，形成公有制商业、非公有制商业、外商投资企业等多元化市场主体。③商业企业规模结构。在企业规模上，出现了两极分化的特点（一边是小商贩，另一边是商业股份公司），但流通的组织化程度相对较低。

**3. 变化过程**

从变化过程看，就中国经济发展而言，中国经济正进入一个以基础结构和重化工为中心的新经济增长期，就国际经济而言，这一时期的消费具有扩散性的特征，即随着农村劳动力的转移，城镇化进程的加快，货币消费面扩大，但总体消费水平增幅减缓。因而，这一时期既是商业企业急速扩展的时期，也是商业竞争日趋激烈的时期。其变化特征主要表现如下。①商业体系继续呈现二元经济的特征。受二元经济的制约，一方面，我国的商业呈现出城市商业的现代化与农村商业的贩运性、传统性并存的局面；另一方面，量的扩展和质的提高并存，以谋生为特征的个体商贩和现代企业的两极分化也将是主基调。②流通结构由批发主导型向生产和零售主导型转换，并进入批发业的革新时期。③流通的社会分工由简单向多样化和复杂化转换。④市场竞争由平面无序竞争向纵横一体化的垄断竞争转化。⑤流通企业内部分工日益细化，组织体制由简单形式向 M 型和网络化发展。⑥电子商务及其经营领域正在不断扩展。

## （二）商品流通的问题分析

### 1. 中国流通的低层次性

我国很多地方，出现的并不是基于现代分工关系而形成的发达的市场体系，而是在过去传统小农经济的基础上形成的以原始运输手段和非现代方式进行的交易活动，使其不能很好地在生产者和消费者之间起到沟通作用，无法充分承担起应有的节约社会交易成本的功能。

### 2. 中国流通业发展的非系统化趋势

中国流通业发展的非系统化趋势主要表现在两个方面：一是从产权角度看，现在的商业企业，缺乏纵向的和横向的组织系统和网络，独立分散、各自为战，生产与商业、批发与零售、内贸与外贸均缺乏稳定的购销和协作关系；二是从空间角度看，市场封锁现象依然森严，不完整的商业空间体系，使商业企业不能充分享受规模经济和获得有效的竞争力，造成市场绩效低下。

### 3. 商品流通规模的非经济性

社会投入了大量的商品流通的人、财、物和商品交换总量（商流、物流、资金流），而商业企业规模却很小，与大生产、大流通、大市场不适应。商业企业，尤其是批发企业，没有发挥单个企业的规模经济效益，更没有实现网络体系的功能和效率。

### 4. 商品流通高成本性

由于商业企业市场开拓能力差，市场交易费用高昂，物流管理功能不强，信息化程度较低等，导致商品流通不畅，商流、物流、资金流不同步、不配合，社会流通成本高。

## （三）我国商品流通模式的发展现状

### 1. 农产品流通模式发展现状

由于农作物对地理、气候等有着不同的需要，故呈现出季节性、区域性的消费特点。随着我国农产品产量、销售量和消费量的不断增加，农产品的流通中也发展出多种流通模式。根据在这过程中发挥主导作用的企业或组织不同类型，可以将农产品流通模式简单总结为以下四种：以市场、农业合作社、龙头企业以及大型连锁超市为中心的流通模式。

（1）以市场为中心的流通模式。

在该模式下农户是农产品市场中重要的交易主体，他们在乡镇集市直接与消费者交易。此时，交易规模较小，农产品几乎没有经过任何加工，农户无须为交易投入任何的专项资产。在此流通模式中各交易主体为纯粹的市场关系。

该模式下，农户大多是根据以往年份的市场需求进行生产，农户的收入受市场需求不稳定性的影响较大，而且绝大部分损失由农户自己承担，这是一种较为低级的农产品流通模式。

（2）以农业合作社为中心的流通模式。

在该模式下农户在自愿的基础上组建合作社，以集体的方式销售农产品。这属于比较成熟的农产品流通模式：首先，专门的农业合作社可以为农户进行科学、合理的生产安排提供指导；其次，农业合作社作为一个组织较单个农户而言，无论是在议价能力还是在话语权方面都更有分量，能够为农户争取到更多的权益。目前农业合作社在我国还处于初级阶段，运作起来并不成熟，缺乏规范性。

（3）以龙头企业为中心的流通模式。

该模式中，农户和龙头企业通过签订生产合同或销售合同，在明确各自的权利和义务的条件下，通过统一产供销，龙头企业和农户结成利益共同体，按照风险共担、利益共享的原则进行农产品的生产、加工、流通的一种重要组织形式。具有一定规模的龙头企业能够及时把握市场动态，在农产品供应链上起着重要作用。

（4）以大型连锁超市为中心的流通模式。

在此模式中大型连锁超市通过与龙头企业、直采基地、农业合作社、批发市场等签订供应合同，来满足超市供应链所需的高质量、稳定、及时的商品需求。

**2. 工业品流通模式发展现状**

1949 年以来，我国工业品几乎全部是采用统购统销的方式进行“流通”，真正意义上的商品流通是在 1978 年党的十一届三中全会之后。1978 年，我国开始商品流通体制改革，逐步开放市场，打破商品流通的种种限制。迄今为止，我国工业品流通已发展成以下两种模式。

（1）以商品批发为主的流通模式。

这是我国目前应用最为广泛的商品流通模式。制造企业先将半成品、成品交付给产地批发商，再分发到销售地批发商，最后经过生产商、零售商、超市等将商品传递到消费者手中。

（2）以物流企业为中心的流通模式。

随着我国物流产业的发展以及商品市场化程度的不断提高，制造商逐渐加强了与第三方物流企业的合作，由第三方物流企业专门负责对制造商的产品进行存储与销售。避免原来中间商过多的弊端，有效缩减了商品流通成本，提高了流通效率。

在上述两种商品流通模式中，无论是农产品的流通还是工业品的流通，均未从供应链的优化来考虑提升流通效率的问题，尤其是对上下游之间缺乏协调与合作，不能有效发挥出产业供应链的优势。

## 二、我国商品流通发展趋势

### （一）商品流通地位先导性

改革开放以来，随着市场经济的快速发展，我国已经处于工业化中后期和城镇化加速发展的阶段。在这个阶段，我国商品流通由社会经济的末端产业正在逐步上升为先导性产业，并且与制造业协调发展，共同保证和促进国民经济的顺利发展。商品流通处于生产和消费的中间环节，在我国之所以逐步成为“先导性产业”，是因为随着我国经济的发展，国力不断增强，人均国民收入不断增加，经济的发展进入以市场为主导、以消费结构升级和企业自主投资为基础的增长阶段。在这个阶段，作为服务业重要组成部分的流通业（从事商品流通活动企业的统称）不仅服务于生产，而且开始引导生产的发展。从全球经济方面看，随着经济全球化的发展势头，服务业逐渐成为全球经济增长最快的行业。从 20 世纪 80 年代开始，全球产业结构就开始呈现出由“工业性经济”向“服务型经济”转化的趋势。而且这种趋势发展较快。流通业是服务业的重要组成部分，在我国加入 WTO[①]后，随着我国融入世界经济，并且伴随着近年来产业水平及城市化水平的提升以及劳动力人口向城市转移，服务业吸纳就业人口的比重不断上升，产业逐步由工业主导向服务业主导过度。与此同时，随着人们的收入水平不断提高，消费结构不断升级，因此流通业在引导并

① 世界贸易组织。

满足城乡居民日益增长的消费需求方面起到了重要作用，正在逐步成为“先导性产业”。从我国现实经济状况看，流通业在沿海一些经济发达的地区，如广东省，已经成为“先导性产业”。在经济发展相对较慢的地区，流通业随着经济的发展也开始向“先导性产业”转化。这种转化有利于优化地区产业结构，提升产业层次，有利于完善中心城市的功能。顺应商品流通业逐步成为“先导性产业”这种趋势，各级政府应该加强对流通业的投资力度，进一步改善流通体制，加强对流通业的政策引导，完善流通环境。商品流通企业要顺应这种趋势，不断增强自身适应能力从而增强流通先导力。

### （二）商品流通范围国际化

经济全球化是当代经济发展的一个重要趋势。经济全球化实际就是流通全球化，因而现代商品流通呈现出国际化发展趋势。尽管目前全球经济的发展遇到了困难，但在社会生产力极大提高、全球分工和贸易空前扩大、科学技术特别是信息技术空前发展的情况下，商品流通从过去局部的、片段的、不连贯的、一个或几个国家的运动过程，变成了全球范围的运动过程；从过去只有商品、货物等有形商品的流通变成了包括有形和无形商品等更多要素加入的全要素流通。自20世纪80年代以来，真正意义上的流通国际化已经逐步形成，市场经济发达的国家在商品流通中占主导地位，用信息化、高科技化、高智能化和集约化的流通手段，把几乎所有的国家都纳入了社会化大流通的轨道，因而商品流通的国际化是大势所趋。

商品流通国际化有两个动因：一是因为随着人们生活水平的提高，市场的需求向多样化、国际化发展，消费者对于具有异国经济、文化特征的商业服务产生了广泛的需求；二是因为市场经济发达的国家的大型流通企业为克服国内市场饱和的局面，有着强烈向国外扩张以寻求新的市场空间的动机。自2001年12月我国加入WTO以及2004年12月11日分销领域全面开放以来，我国取消了外商投资商业领域在股权、地域、店铺数量等方面的限制，外资开始全面进入我国流通领域，标志着我国商品流通全方位国际化。从流通的重要组成部分——国际贸易来看，现在国际贸易的规模在全球范围迅速扩大，商品流通的国际化程度越来越高，我国近年来，特别是加入WTO后，国际贸易发展较快，2011年我国外贸进出口总值36420.6亿美元（约合22.9万亿元人民币），同比增长22.5%，进出口总额创下年度历史新高，成为世界第一大出口国、第二大进口国。中国消费市场的规模已位居世界的第四位，仅次于美国、欧元区和日本。这些数据可以说明我国商品流通的国际化。尽管受世界经济发展放缓以及汇率等因素的影响，我国目前外贸形势较为严峻，但流通国际化的趋势是不可改变的。对于商品流通国际化这种趋势，本土流通企业必须有充分的认识。外资流通企业的进入加剧了企业之间的竞争，可能使更多的中小型流通企业面临倒闭，因为这些企业在资金、经营管理等方面与外资企业差距较大。面对这种状况，本土流通企业要敢于竞争，善于竞争，才能有立足之地。

### （三）商品流通主体多元化

现代商品流通的主体多元化不仅表现在从事商品流通的主体既有企业又有个人、既有股份制企业又有民营企业、既有内资企业又有外资企业，还表现在制造业逐步具备了参与商品流通的条件，由单纯的生产者向生产经营者转变，生产企业变成了“厂商”，既可以选择商业渠道经销或代理销售其产品，也可以自建销售渠道。制造业与流通业是完全独立的行业，从社会分工角度看，从事商品流通的商业企业专业化地从事商品流通，其流通效率可以比生产企业更高，由商品流通商业企业组织商品流通可以使全社会投入流通领域的资本总量得到节约，从而提高整个社会的经济效率。

但是从我国目前商品流通现状看，制造业向流通业渗透表现在以下几个方面。一是制造商自建销售渠道，直接从事商品流通活动。这主要体现在生产资料的销售方面。由于一些生产资料的市场需求密集度低，如化工产品和大型机械产品可以直接对客户进行销售，不需要中间环节，厂家成立销售部门直接向客户销售商品，不需要中间商就可以完成商品销售过程，制造商通过自建销售渠道完成了产品流通过程。对于极少数生产消费品的厂家，如大型家用电器生产企业也有通过自建连锁店来销售产品，进入商品流通领域的。从企业自主与契约自由的角度来看，生产企业建立自己的销售公司、专卖店、专卖柜的现象，应当认为是一种发展。只要避免盲目性就不会对社会分工构成冲击。二是制造商进行产品直销。这种直销是指经有关部门批准采取直销方式销售产品的企业，通过招募直销员来销售产品，目前我国经批准的直销企业数量不多但影响较大，直销产品的主要是生活用品，如化妆品、食品等。直销企业通过人员推销让产品进入流通领域，直接面对消费者，减少了中间环节，加快了产品的流通。三是制造商通过中间商来销售产品，制造商通过掌控中间商，主要是经销商的销售活动和零售终端的销售活动来向流通领域渗透。对绝大多数消费品来说，其市场需求密集度高，必须通过中间商和零售商来进行销售。许多实力雄厚、产品知名度高的厂家对中间商掌控力度大，通过产品广告宣传、产品品牌建设、产品促销等手段提升产品的竞争力，提升中间商的忠诚度，向流通领域渗透。对于零售终端，制造商也通过向零售企业缴纳一定的通路费、在零售企业进行产品促销等手段来占领零售通路，向零售领域渗透。

制造业向流通领域渗透，加快了产品流通，密切了与流通业的关系，更好地满足了人们的生活需要。制造业逐步向流通领域渗透这种趋势要求制造业必须从市场出发，根据消费需要组织产品市场，强化企业的市场营销活动，树立良好的企业形象和产品品牌形象，这样才能加强对流通的渗透力，对中间商和零售商保持较强的掌控手段，使产品在流通竞争中立于不败之地。

### （四）商品流通发展社会化

现代商品流通是社会化的大流通，社会化大流通的基本特征是社会化。任何企业都不能脱离社会仅依靠自己的力量满足需求和消费，这样就使社会化大流通的起点具有了社会化内涵。传统的政治经济学把生产作为社会经济运行的起点，把消费作为终点。现代商品流通把消费需求作为社会经济运行的起点，制造商要按照消费需求生产产品，而不是生产什么就卖什么。现在消费者不仅对有形的商品需求越来越多，对无形的商品需求也越来越多，特别是知识产品进入商品流通领域，从而使整个商品流通越来越社会化，市场经济越发达，商品流通的社会化就越突出，流通也就越发达。商品流通的社会化还体现在伴随着商品实体转移过程而产生的物流社会化，这种社会化表现在制造商、中间商和零售商通过一个物流的平台或物流的社会化体系，达到零库存或者库存最小化，从而提高商品流通效率，降低商品流通的成本和费用。

伴随着现代商品流通社会化的趋势，商品流通还呈现出信息化的趋势。信息是一种进入商品流通的无形商品，可以被重复使用，而且被重复使用的次数越多，流通的次数也就越多，创造的价值也就越大。信息作为要素进入流通领域后，对所有的商品流通都会起到加速度作用。因此，如何扩大信息的流通规模，加快信息流通的速度，发挥信息的带动作用和引导作用就成为现代流通业面临的一个重要问题。

商品流通发展逐步社会化、信息化促进了商品流通发展的多元化和交融化，改变了过去商品流通两维的、静止的状况，形成了与社会经济生活各要素彼此融合和交叉、多维的状况。对于从事商品流通活动的工商企业，要顺应这种趋势，充分利用好各种社会资源和信息来积极参与市场竞争，承担相应的社会责任，使企业做大做强。

# 任务2　商品流通的规律

## 一、节约商品流通时间规律

社会再生产过程由两个流通阶段和一个生产阶段组成，是流通时间和生产时间的统一。第一个流通阶段是购买阶段，第二个流通阶段是出卖阶段，生产阶段处于两个阶段中间。这三个阶段，就相当于我们今天所说的“供”“产”“销”。流通时间和生产时间是互相排斥的。一般来说，在生产时间既定的前提下，流通时间延长，再生产周期就延长，资金循环的周期延长，生产效率变低；流通时间缩短，再生产周期就缩短，资金循环的周期就缩短，生产效率也就高。因为，只有在生产领域才能生产商品，才能创造价值。所以，马克思指出“流通时间的延长和缩短，对于生产时间的缩短或延长，或者说，对于一定量资本作为生产资本执行职能的规模的缩小或扩大，起了一种消极限制的作用”“限制的程度与流通时间持续的长短成比例”。这里揭示在社会大生产条件下，为了提高社会生产效率，从而提高社会经济效益，客观要求尽可能缩短流通时间。这就是节约商品流通时间规律。

## 二、商品储存规律

商品储存是社会生产过程和再生产过程不断进行的条件，也是商品出售的必要条件。这是合理的商品储存的质的规定性。正如马克思所说，“没有商品储备，就没有商品流通”。储备有生产资本、个人消费基金、商品储备或商品资本三种储备形式。就绝对量来说，三种形式的储备可以同时增加，但是一种形式的储备会在另一种形式的储备增加时相对减少。比如，随着生产社会化和商品生产交换日益发展，商品储备就会相对增加，其他两种形式的储备相对减少。就以生产资本形式的储备来说，随着生产规模的扩大，随着劳动生产力的提高，原料、辅助材料的需要也会增加，所以，以生产资本形式储备的规模是绝对增大的。但是，假若生产资料的供应工作做得好，能具备这样的条件——“要使必要数量的原材料能够更迅速地、更有规则地、更有保证地，不断得到供应，而不致发生任何中断”，那么，工厂的生产资本储备就可以相对减少。否则，“供应越没有保证，越不规则，越缓慢，生产资本的潜在部分，即生产者手中等待加工的原料等的储备就必然越大”。过去，我们不重视生产资本的流通，加上计划留缺口，供不应求，造成个个当“伸手派”“小而全”“大而全”，生产储备当然就相对增加。只有发展生产资料流通，完善生产资料供应工作，才会使整个社会的生产储备相对减少。因为储备越是集中，这些费用相对地就越少。合理的商品储存还有其量的规定性。正如马克思所指出的“商品储存必须有一定的量，才能在一定时间内满足需求量”“储备量要大于平均出售量或平均需求量”。过去，我们没有科学地研究各种商品的合理储存量，加上有些工厂不问市场，盲目生产，有些商业企业又盲目采购，购销脱节，按行政区域设置批发商业机构，流转环节多，层层留库存，以致社会商品储备过多，商品流通缓慢。所以，我们必须从合理商品储存的质和量的规定性统一去研究、区分储备的正常形式和不正常形式。“因为储备的正常形式和不正常形式，从形式上是区分不出来的，而且二者都是流通的停滞，所以，这些现象可以互相混合，加上对生产者来说，虽然他的已经转移到商人手中的商品的流通过程发生了停滞，但他的资本流通过程仍然能够畅通，所以，这些现象更可以使生产当事人本身感到迷惑。”过去，我们出现的“工业报喜，商业报忧”的现象，正是由于没有统一地、全面地研究商品储备的结果。

## 三、商品运输规律

商品运输是商品在空间上的流通，即实际的移动，它表现为生产过程在流通过程内的继续。商品运输时间是流通时间的重要组成部分，缩短商品运输时间对缩短流通时间有重要意义。因为，商品出卖时间的长短，同商品的产销距离、交通运输的发展状况有关；而商品购买时间的长短，则取决于原料供应距离的远近和原料的供应方式。商品的销售市场和生产地点距离的远近，是整个周转时间产生差别的一个经常性的原因。但是，我们考虑商品的产销距离，不仅要考虑自然的距离，而且还要考虑运输时间的长短。从自然距离来看，生产企业要接近原料生产地，又要接近销售市场；从运输时间来看，产销都要面向作为生产中心、人口中心、运输中心及商业中心的城市。因为“运输工具的变化，在商品的流通时间，买和卖的机会等方面造成地点差别，或者使已有的地点差别再发生变化”。例如，铁路的修建使自然距离较远的地点比一个较近但不通铁路的地点，产销距离绝对或相对地变近了。同时，由于交通工具的数量增多并能按期行驶，从而促使商品能不断地运输。这样，它们可以连绵不断地到达市场，不需要在实际运出以前作为可能的商品资本大量堆积起来。总流通时间就缩短了，周转周期也会相应缩短。所以，一方面，交通工具运行次数随生产地点变为较大的生产中心而增加，这种增加是面向现有的销售市场，也就是面向大生产中心、人口中心、输出港等。另一方面，这种特别便利的交通，又会加速流通时间和资本周转，从而生产、人口和市场也加速集中。因此，以中心城市为依托，加强商业中心和储运中心的建设，向外辐射而形成合理的商品流通的网络，这是商品经济发展的必然结果，是节约商品流通时间的客观要求，是商品流通领域中商品在空间移动的自然规律。过去，在生产力布局上部分企业片面追求就地取材，远离中心城市设厂，甚至有的企业由于某种需要将厂房建在穷乡僻壤、深山大岭，不仅增加了基建投资，而且投产后的运输时间和费用也会增加；在商业企业机构设置上按行政区域、层次来设置机构、组织商品流通，画地为牢，城乡封锁，这些都延长了流通时间，影响了资金周转，增加了流通费用，影响了社会经济效益的提高。马克思在揭示商品运输规律性的过程中，还运用了商品生产的一般规律，即劳动生产率和劳动创造的价值成反比的原理，分析了运输加追价值的绝对部分和追加到商品价值中的相对部分的规律性。马克思指出，“这个规律，像适用于其他任何产业一样，也适用于运输业。在一定距离内运输商品所需要的死劳动和活劳动量越小，劳动生力就越大；反之亦然”。具体来说表现在如下两个方面。

其一，“在其他条件不变的情况下，由运输追加到商品中去的绝对价值量，和运输业的生产力成反比，和运输的距离成正比”。

其二，“在其他条件不变的情况下，由运输费用追加到商品价格中的相对价值部分，和商品的体积和重量成正比。运输费用追加到一个物品中去的相对价值部分和该物品的价值成反比”。

以上的规律性是商品经济的价值规律在运输业的表现。按照这个规律，为了节约运输过程的时间和费用，就必须根据运输的距离，不同商品的体积、重量及价值来考察、选择合理的运输工具。

## 四、流通规模规律

流通规模就是在流通领域所占用的人力、物力、财力，它包括交通运输、仓储设施、营业网点和设备、商业、服务人员以及它们的货币表现——资金。流通规模必须同商品流通量保持相应的比例，这是组织好商品流通的必要物质条件，也是按比例分配社会劳动量的规律在流通领域的表现。流通规模的规律性，一般表现在流通的规模上，即流通领域所占用的人力、物力、财力必须同商品流量成正比，同商业、服务人员的劳动效率、资金周转速度、设备效率成反比。要保持相适应的比例，就要求流通领域所占有的人力、物力、财力不能过多，也不能过少。流通领域所占用的劳动量过多，违反节约流通时间规律的要求，固然是社会劳动的直接浪费，但是，流通领域占用的劳动量过少，影响了服务工作的质量、延长了流通时间，这样，不仅不能节约社会劳动，相反还会直接或间接造成社会劳动的浪费。过去，由于“左”的影响，片面理解节约商品流通时间的客观要求，以为流通规模越小越好，结果削弱了流通，既抑制了生产，也抑制了消费。例如，长时间的商业人员少，网点不足。不仅如此，随着社会生产力的发展，生产社会化程度的不断提高，社会用于流通领域的人力、物力同生产领域相比较还会出现相对增长的趋势。目前，资本主义国家第三产业的日益发展就说明了这种发展趋势。

## 五、商品占有规律

商品占有规律是商品生产和商品流通的基本规律。即马克思所说的“以商品生产和商品流通为基础的占有规律或私有权规律”。商品占有规律反映了商品生产和商品交换中商品占有关系，法律上叫所有权的客观必然性。商品要被人占有才能进行交换，商品交换的当事人必须是“互相对立的仅仅是权利平等的商品所有者，占有别人商品的手段只能是让渡自己的商品”。商品交换关系，就表现为所有权的让渡关系。这是商品生产和商品交换中带规律性的东西。当然，不同性质的商品生产，其商品占有规律有其各自的特点。简单商品生产的占有关系是以劳动者的个体劳动为基础的，其占有规律的特点表现为所有权和劳动的结合。资本主义商品占有规律是以雇佣劳动为基础的，以等价交换为形式，以无偿占有为实质，其特点表现为所有权和劳动的分离。“所有权对于资本家来说，表现为占有别人无酬劳动或产品的权利，而对于工人来说，则表现为不能占有自己的产品。”以上两种商品生产都是私有制的，商品占有规律这时对商品的所有权体现为私有权。社会主义商品占有规律则是以公有制联合劳动为基础的，劳动者在联合劳动的基础上共同占有生产资料，也共同占有劳动产品，其特点又表现为所有权和劳动的结合。但是，在以公有制为基础的社会大生产的商品生产条件下，企业仍然是社会的基本经济单位，出现了所有权和占有权支配、使用、经营权的分离。按照社会主义商品占有规律，现阶段的全民所有制企业也应是具有相对独立性的商品生产、经营者，应该实行国家所有、企业经营、以税代利、自负盈亏。这也是几年来扩大企业自主权、以税代利、实行经营责任制的实践发展的必然趋势。

## 六、自愿让渡规律

自愿让渡规律是商品占有在交换过程的意志关系。交换的每一方只有通过双方共同一致的意志行为，才能让渡自己的商品，占有别人的商品。可见，他们必须承认对方是私有者。这种具有契约（不管这种契约是不是用法律固定下来的）形式的法权关系，是一种反映着经济关系的意志关系。这种法权关系或意志关系的内容是由这种经济关系本身决定的。这种自愿让渡、自愿成交的规律是由商品二重性的内在矛盾所决定的。因为，商品所有者的商品对他来说，是交换价值的承担者，进而是交换手段。所以，他愿意让渡他的商品来换取那些使用价值为他所需要的商品。这种“转手”就形成了商品交换，而商品交换使商品彼此作为价值发生关系并作为价值来实现。

## 七、货币流通量规律

货币流通量规律是商品流通过程的一个客观规律。商品交换往往是以货币为媒介的，商品流通伴随着货币流通。正如马克思所形象地描述的“流通不断地把货币像汗一样渗出来”。货币作为流通手段却不断地停留在流通领域，在那里流动。于是产生了一个问题，究竟有多少货币不断地被流通领域吸收？马克思概括出一个普遍规律，“就一定时间的流通过程来说是商品价格总额/同名货币的流通次数＝执行流通手段职能的货币量。这个规律是普遍适用的。”当然，以上只是就货币作为流通手段来说的，当货币作为支付手段的时候，货币流通量规律就必须进一步加以规定，即“假定流通手段和支付手段的流通速度是已知的，这个总额就等于待实现的商品价格总额加上到期支付总额，减去彼此抵销的支付，最后减去同一货币交替地时而充当流通手段、时而充当支付手段的流通次数”。只要有商品流通，就有货币流通，有货币流通，这一规律就发生作用。在社会主义商品流通领域中，货币流通量规律当然也发生作用，只不过它不像在资本主义社会里那样的自发地发生作用，而可以被人们自觉地利用，有计划地加以控制。因此，必须根据国民经济发展情况，控制货币发行量、投放量，搞好市场货币流通量和市场货币需要量的平衡，做到财政收支平衡、信贷平衡、社会购买力和商品可供量的平衡，从而稳定物价、稳定市场。这里有一个商业信用的信用制度问题：过去，把商业信用、消费信贷看作是资本主义的产物，其实这也是一种误解。随着商品流通的发展，信用制度在货币作为支付手段的职能中产生。当然，在资本主义社会，信用制度加速了经济危机。因为，资本主义生产和无政府状态破坏了生产和消费的平衡，从而使一个接一个的支付的锁链在某个环节上被破坏，造成支付困难的连锁反应，加速了经济危机的爆发。但是，只要再生产过程不断进行，从而资本回流确有保证，这种信用就会持续发展并不断扩大。只是由于资本主义私有制度本身，才使这种可能，不能完全实现。在社会主义社会中，社会主义公有制使信用制度有了可靠的基础。正如马克思所指出的，“毫无疑问，在由资本主义的生产方式向联合起来劳动的生产方式过渡时，信用制度会作为有力的杠杆发生作用；但是它仅仅是和生产方式本身的其他重大的有机变革相联系的一个要素”。最近的经济改革中，有些企业实行产品代销、售后结算、分期付款的赊销，发行礼品券等商业信用、消费信贷制度的尝试，收到良好的效果，就是一个明证。以上三个规律是商品和货币的一般规律在流通领域的表现。商品占有规律是商品生产的经济关系，主要是所有权在流通领域的客观要求；自愿让渡规律是反映商品生产的经济关系的意志关系在交换过程的客观要求；货币流通量规律乃是作为商品流通媒介的货币在流通领域运动的量的规律性。

## 八、等价交换规律

等价交换规律是价值规律在流通领域里的表现，它要求商品交换按照商品价值量相等的原则进行。正如马克思所指出的，“商品交换就其纯粹形态来说是等价物的交换”。当然，这里所指的纯粹形态，就是假定供求的影响是完全不存在的。但是，在现实中，商品交换往往受供求关系和竞争因素的影响，商品出售的价格往往同自己的价值相偏离。客观要求等价交换，而现实中往往不可能完全等价交换，这正是价值规律作用在流通领域的表现形式。在资本主义社会，等价交换的客观要求同竞争和无政府状态规律共同作用，使价值规律在市场发挥着自发的调节作用。在社会主义社会，计划经济是主体，人们有可能按照等价交换的客观要求自觉地利用价值与价格的偏离，有计划地调节生产和流通。但是，如果把这种“自觉利用”夸大为可以不管客观经济规律任凭主观意志办事，那就会受到客观经济规律的惩罚。过去，我们在价格上的一些问题，如农产品收购价格偏低，煤炭等工业原料、燃料的价格偏低，一些商品的购销价格倒挂造成国家补贴负担过重，等等。虽然形成的原因是复杂的，但是没有按照等价交换规律的要求，而迷信计划价格的“主观意志”的作用，这个在思想、理论上的原因，则是主要的。党的十一届三中全会以来，我国调高了部分农产品收购价格，促进了农业生产的飞速发展。价格管理上，“大的管理，小的放开”，活跃和繁荣了市场。这是好的经验。目前，正在酝酿价格体制的改革，研究职工工资水平与价格水平挂钩，这也是按照等价交换规律的要求，发挥价值规律作用，丢掉价格补贴的沉重负担的好办法。

## 九、供求规律

供应和需求的关系是生产和消费的关系在商品流通领域的反映，也是商品流通领域中的重要问题。供求规律就是商品供求平衡规律，也是价值规律在商品流通领域的表现形式之一。价格背离价值或趋向价值运动是供求规律作用的表现，这种作用又恰好是价值规律客观要求实现的条件。马克思指出，“商品按照它们的价值来交换或出售是理所当然的，是商品平衡的自然规律。应当从这个规律出发来说明偏离，而不是反过来，从偏离出发来说明规律本身”。所谓供求规律，就是商品供应一定要适应商品需求的必然趋势。商品供应与商品需求这一矛盾的对立统一，构成了商品供求从不平衡到平衡，又从平衡到不平衡的矛盾运动，构成了商品供求的规律性。关于供求的规律性，马克思作了科学的说明，“供求实际上从来不会一致，如果它们达到一致，那也只是偶然现象，所以在科学上等于零，可以看作没有发生过的事情。可是，在政治经济学上必须假定供求是一致的”。因为，虽然在任何一定的场合供求都是不一致的，但是它们的不平衡会这样接连发生，而且偏离到一个方向的结果，会引起另一个方向相反的偏离，以致就一个或长或短的时间的整体来看，供求总是一致的，不过这种一致只是作为过去的变动的平均，并且只是作为它们的矛盾的不断运动的结果。当然，在不同社会制度下，商品供求矛盾是具有不同社会性质的，解决矛盾的途径也有所不同。在资本主义社会，商品供求矛盾反映出资本主义生产关系是不可调和的对抗性矛盾。市场商品供求的不平衡是通过价值规律作用引起市场价格涨落而进行盲目调节，最后通过经济危机的破坏而强制地取得暂时平衡。在社会主义社会，商品供求矛盾是在生产资料公有制基础上形成的，反映着劳动人民之间互相合作的关系，是在根本利益一致情况下的非对抗性的矛盾，因而，我们可以依据价值规律的要求，通过完善计划管理工作去解决。要完善计划工作，实现供求平衡，就必须改革计划管理制度和计划方法，特别是要冲破那种认为计划分配商品、凭证供应就是社会主义制度优越性的表现的旧观念，重视价值规律和供求规律的客观要求，积极做好市场调查和预测，经常研究消费需求结构变化，使生产和需要之间建立起密切联系，不断从不平衡趋向平衡。

## 十、竞争规律

竞争是商品经济的固有规律。因为商品自身的矛盾就孕育着竞争。商品的使用价值和价值的矛盾要依赖于另一个商品来解决的特点表明，商品在交换过程中必然要互相比较，俗话说“不怕不识货，最怕货比货”，这种比较就包含着竞争。竞争还是价值规律贯彻到商品交换过程中的一种表现形式。商品的价值量取决于社会必要劳动量，因此每个商品生产者要使自己的商品在销售市场处于有利的地位，力图使自己生产商品的个别劳动的耗费低于社会必要劳动的耗费，这样一来，他们之间必然发生竞争。正如马克思所说，“价值由劳动时间决定的规律，既会使采用新方法的资本家感觉到，他必须低于商品的社会价值来出售自己的商品，又会作为竞争的强制规律，迫使他的竞争者也采用新的生产方式”。在市场上，也“只有通过竞争的波动从而通过商品价格的波动，商品生产的价值规律才能得到贯彻，社会必要劳动时间决定商品价值这一点才能成为现实”。因为，供求关系的变化，使在市场上的卖方和买方都处于竞争状态，从而引起市场价格围绕价值上下波动，这恰恰是价值规律作用的表现形式。

# 任务3　电子商务与商品流通

## 一、商品流通的内涵与外延

### （一）作为商流的流通

商流是流通最基本的形式。从商流的角度，流通的内涵可概括为以下几点。

**1. 流通以货币为媒介的交换**

商品流通发生在货币形成之后，是以货币为媒介的交换。不以货币为媒介的交换是物物交换，它是交换的原始形态。“对商品流通来说，有两样东西始终是必要的：投入流通的商品和投入流通的货币”“商品流通又以商品表现为货币，以货币流通为前提”。

**2. 流通是交换价值的运动过程**

“流通是从商品的两个规定，从作为使用价值的规定和作为交换价值的规定出发的”，但“我们所考察的流通，是价值的转化过程，是价值的质变的过程”。商品流通不过是交换价值充分发展的本身向前运动。流通的一个本质的规定，就在于它的交换价值，而且是作为价格规定的交换价值的流通。

**3. 流通是多个交换行为所联结成的系列**

货币作为交换的媒介，使得物物交换中的一次买卖行为变为二次。单个的买卖行为不构成商品流通，多次买卖的连接所构成的系列才能克服商品生产和消费在时间、空间上的矛盾。商品流通是一系列作为交换的行为。

**4. 流通是交换行为的总和或总体**

“属于流通本质的东西：交换表现为一个过程，表现为买卖的流动的总体。”“经济范畴中第一个总体”是“流通”。正是如此，并不是任何一种商品交换都能形成商品流通。“流通必须具备两个条件：第一，商品必须预先确定价格；第二，存在的不是个别的交换行为，而是川流不息的、或多或少发生在社会整个表面上的交换总和、交换总体，即交换行为的体系。”

**5. 流通是循环运动着的交换过程**

简单商品流通以商品为终结，流通的结束就是进入消费；发达商品流通则不然，它从货币开始，以货币为终点，货币在运动终结时又成为运动的开端。因此，在这个形式中，运动是没有限制、没有止境的。发达商品流通既然起点和终点都是同质的货币，那么只有量的差别才有实际意义。“这个作为贸易基础的、并因而扩展成为流通的主要现象的过程，一般来说要成为可能，‘货币—商品—货币—商品’这一循环必须被看作流通的特殊形式。”

**6. 流通是各个商品形态变化的循环与交织**

商品流通是商品交换发展到一定阶段的产物。货币出现以后，物物交换变为以货币为媒介的商品交换，以货币为媒介的商品交换过程就是商品流通。商品交换一旦以货币作为媒介，就不只是交换双方的事了，而同时是与交换双方有关的其他人相关联的事。这样，每个商品的形态变化系列所形成的循环，同其他商品的循环不可分割地交错在一起。这全部过程就表现为商品流通。

### （二）作为商流、物流以及信息流三流统一的流通

实际上的商品流通不仅包括商流，还包括物流、信息流。其中，商品从一个人手里转移到另一个人的手里，实现商品的所有权更替，就是“商流”，它表现为价值的实现过程。商品流通除了表现为商品所有权转移以外，同时还表现为商品实体的运动，即“物流”，它是使用价值的实现过程。在商品流通的过程中，无论是商流、物流，还是资金流，其必然表现出信息的运动，“信息流”就是在交换者之间的信息转移过程。商流、物流和信息流是与商品流通共生的三大要素。商品流通的发展，不仅表现在这三流在商品流通所处的位置的改变，更表现在这三流之间结合形式的改变。从历史的角度来看，商品流通的发展经历了由早期的商流、物流和信息流三流合一，到后来的三流分离，再到现在的三流分立的演变过程。

**1. 三流合一**

在原始的物物交换中，商品作为价值运动，以其作为使用价值的运动是同时进行的，二者在时间上具有高度的合一性。与价值运动和实体运动相伴而生的也有信息运动，但在物物交换阶段，由于受到社会生产力发展水平的制约，用来交换的劳动产品十分有限，市场发育程度极低，交通运输尤其是通信手段极为落后。在这种

情况下，人们既不可能在交换之前就进行充分的信息沟通，也没有条件在交易完成后仍保持密切的联系，信息的交流只能在交换的现场完成。事实上，在物物交换中，不仅信息量小，而且会以非常直接的形式表现出来。因此，人们只需要了解交易的地点、时间就足够了，一个生产者可以在交易现场取得交易对象及其商品的一切信息，对他来说是否有预见，是否拥有信息的优势，还没有成为决定交易双方相互关系的一个因素，因而也无须受到重视。在这一历史阶段的商品交换中，商流、物流和信息流可以说在时空上是高度合一的。即使在简单商品流通条件下，由于商品生产者兼任生产与交换的双重职能，他们没有精力对交易信息给予充分的关注，商流、物流和信息流仍保持着内在的合一性。

**2. 三流分离**

商人及商业的产生改变了商品流通三流合一的格局。赊销交易方式出现后，人们在没有取得商品所有权之前就实际持有了商品的实体，并可以将其转售；而预购的交易方式，则使购买者虽然已经成为商品的事实上的所有者，却必须在稍后的某一个时间，才能真正拥有作为使用价值的商品本身。这就是说商流和物流并不一定必须同步进行，可以商流先行于物流，也可以物流先行于商流。还有一种情况，是商品被层层转卖，经过多道商流环节，而物流却只有一次，由生产者直接流向购买者。凡此种种，使商流和物流分离成为两个独立的过程。在商流和物流相分离的同时，商品流通的发展也衍生出信息流的变化。商业资本的一个显著的特征就是“贱买贵卖”，而且相距越远的市场，这一特征表现得越充分。商人这种行为之所以能够成立的原因是其在信息上所处的垄断地位。因为在通信手段不发达的情况下，生产与消费在时空上的距离越大，买卖双方在信息上的不对称也就越严重。而正是信息的不对称使得商人有利可图。这就要求商品流通的信息运动，在越来越大的程度上超越商品的价值运动和实体运动，从而在时空上与之发生分离。信息运动已经不再是无足轻重的次要问题，而是关系到买卖双方切身利益的重大问题。因此，在进行商品买卖活动之前，人们往往要先进行信息的收集和分析，然后再进行交易的决策。这样，信息流也就从商流和物流中被进一步分离出来，变为商流和物流之外的一项单独的活动。

**3. 三流分立**

三流分立的实践最初是在企业内部进行的。企业在其内部分别设置不同的机构，相对独立地执行商流、物流和信息流的职能，并依据一定的次序、模式和手段，将上述三个不同的要素在商品流通中整合起来，形成一个有机的整体。随着社会生产、科学技术以及流通业的进一步发展，商流、物流和信息流的分离由企业内部向企业外部发展，由企业内部的不同机构的专业化分工，演化成为企业外部不同企业之间的社会化分工，从而形成三流分立的新格局。例如，采购代理商受人委托，为其代理购买商品的事务，这实际上就是将一部分企业的商流活动分离出来，变成代理人的专门职能。独立运营的物流中心，为企业承担各种物流职能，通过专门化的服务，帮助企业从繁杂的物流事务中解脱出来。而市场调查公司等中介组织，则专门满足企业关于市场信息的需求。此时的商流、物流和信息流，已经转变为不同流通组织的专业职能，分别由不同的经济主体来承担，这就由三流分离进一步演变为三流分立。从某种意义上讲，三流分立是企业内三流分工的外部化，是三流分离的进一步发展和高级形态。在三流分立的情况下，商品流通仍是商流、物流和信息流的有机整体，但三流中的任何一个方面，或者任何一个方面的任何一个局部，都可以外部化，由其他的专业性组织予以执行。这样，商流、物流和信息流的整合，就由传统的内部协同，变为需要借助于商品货币关系的外部交易，从而使商品流通的各种要素，在社会这个更广阔的层面得到更有效的结合。

### （三）作为社会经济运行方式的流通

#### 1. 流通是所有者的不断更换

商品通过多次买卖，从生产者手中到消费者手中，其实就是通过并借助转让和让渡实行占有。仅通过一次商品和货币的转让所发生的所有权更迭，商品不一定能够最终成为消费者所占有的对象，商品流通的职能就难以实现。“流通是这样一种运动，一般转让表现为一般占有，一般占有表现为一般转让。”没有不断的转让就不可能有不断的占有。正是如此，商品流通过程“作为交换行为的系列，在交换中，在不同的交换时刻，所有者会改变。”

#### 2. 流通是社会各成员的利益关系体系

交换本就不是个人内部的经济活动，它起码牵涉了交换双方，而商品流通则不只是交换双方，而是若干个参加买卖系列的交换者，所以具有强烈的社会性。流通是商品所有者全部相互关系的总和。在流通以外，商品所有者只同他自己的商品发生关系。在商品流通中，商品的所有者以卖者的身份出现，货币的所有者以买者的身份出现。“不论买和卖如何分散地、偶然地并行发生，在实际流通中，买者对面总是站着卖者。”在流通过程中，不同阶段有不同的卖者和买者，他们是不同的商品和货币的所有者。除了生产者要扮演卖者，消费者要扮演买者以外，同一个所有者要依次先扮演买者，再扮演卖者。买者和卖者这两个角色不是固定的，而是商品流通中经常由人们交换扮演着的。因此，商品流通中交换关系的社会性质是极其复杂的，在买者和卖者的背后有生产者、经营者和消费者的关系，有不同所有者的关系，是社会各成员的利益关系体系。

**3. 流通是商品经济的运行方式**

在商品流通过程中，商品所有者彼此以买者和卖者的对立形式出现，“这种特定的社会身份绝不是来自人的个性，而是来自以商品这个特定形式来生产产品的人们之间的交换关系”。流通的社会性不只是说，流通过程中在物物关系之后有人人关系，有交换关系，有经济关系，而且流通本身就是社会过程，就是社会经济的运动过程。它是社会再生产过程中的必然阶段，是价值的实现过程，是个别劳动求得社会承认而转化为社会劳动的过程。

**4. 流通是社会经济循环扩大的方式**

流通所形成的社会经济循环是通过商品流通和要素流通共同实现的。从商品流通角度，商品由生产者、中间商到消费者手中。消费者经过商品的消费，再生产出劳动力又可以供生产者、中间商使用。同时，消费者本身也可以作为投资者，他将暂时不用于消费的货币以储蓄或直接投资的方式进入生产领域，为生产企业提供资金，从而形成社会经济的循环。

### （四）作为人与自然、社会连接方式的流通

按照商品的来源和用途不同可以将商品分为最初商品、最终商品、中间商品。最初商品指直接从自然界获取的资源，最终商品则是指进入非生产性消费的产品，介于最初商品与最终商品之间的是中间商品。

**1. 最初商品流通**

自然界的资源有限，最初商品供给受到限制，缺乏弹性。对于无法再生的资源，它的趋势是越来越稀缺，可再生资源的再生能力受制于自然界，自然界的不稳定会

造成供给的不稳定。最初商品主要反映的是人与自然的关系；而商品流通反映的是人与人之间的关系，因而，最初商品的流通是不完全的流通，应有一定的制度约束。

**2. 最终商品流通**

最终商品进入生活性消费。生活性消费一部分属于国家、城市的公共消费，它关系一个国家和城市的发展和安全，从而具有必然性。这部分商品的流通要求具有明确的制度规定。最终商品中有一部分属于生活必需品，它们涉及人的生存权，故而这类商品的流通也必然会受到限制。

**3. 中间商品流通**

中间商品的绝大部分，其供给和需求均有很大的弹性，因而适合运用市场机制，因此它的流通可以是完全的商品流通。现代经济中，中间商品迅速膨胀，使得商品流通得以加倍地扩展，社会经济联系度更高，风险也更大。中间商品流通的成功与否，关系到整个经济运行是否稳定。由此可以看出，国家对商品流通的干预程度实际上因商品的不同而不同。对于最初商品和最终商品，应考虑形成具有效率的国家控制模式；对于中间商品，则应建立完全的市场模式。

如果借助最初商品、中间商品、最终商品的概念，我们可以认为，流通网络不仅是联系生产与消费的载体，而且是联系自然与人、人与社会从而自然与社会的载体，是人与自然、人与社会、自然与社会的能量交换体系。

## 二、电子商务下的商品流通

### （一）电子商务发展影响商品流通渠道环境

从广义上看，商品流通渠道环境具有无限性，其包含对商品流通渠道的部分或全部有影响的因子。从狭义上看，商品流通渠道环境指的就是制度环境与科技环境。本文所提及的商品流通渠道环境是指狭义的制度环境与科技环境。

**1. 科技环境：科技信息技术在商品流通渠道中的应用**

“互联网+”环境下，电子商务显示出人类在商务活动中应用信息技术的欲望，可以说，作为商务活动主导的商品流通，也必定会盖上科技信息技术的印章。通常来讲，“科技信息技术革命”是互联网技术革命、通信技术革命以及计算机技术革命的催生物。然而，电子商务的出现是三大革命融合下共同爆发的“网络技术革命”，至此现代科技信息技术革命才得以实现。所以，“互联网＋”环境下电子商务所造就的商品流通渠道环境是基于计算机技术、通信技术、互联网技术的大环境。从现实来看，正是因为现代科技信息技术革命的巨大推动力，才使得商品流通渠道环境发生了翻天覆地的改变，较之于以往的各种改变，此次应该是一种全面的、一体式的深刻变革。

**2. 制度环境：顾客权益经济的崛起**

在商品经济没有出现之前，也就是在产品经济时期，厂商与顾客两者是结合在一起的，所以说生产什么完全是依照顾客个人的喜好和愿望来决定，在这个时期，可以将其发展形式看成顾客权益经济发展的初步形态。随后，在原始产品经济的快速发展下，逐步过渡到最为简单的商品经济时期，再到后来相对成熟的商品经济时期，顾客主权不断弱化，而厂商主权逐步占据社会的主导位置。究其原因，受制于社会生产力以及资源利用力，可以满足顾客需求的商品资源比较匮乏，故而厂商在经济活动中具有绝对的主导地位，完全可以参照自身的资源来开展生产活动，所以厂商必定会在经济活动中占有优势地位。商品经济逐步过渡到其高级发展形态，也就是市场经济时期。但市场经济中首要强调的便是顾客权益经济，也就是顾客在经济行为过程中占有主导地位。但受制于技术因素，厂商不可能通过与顾客展开直接对话来获得足够的顾客需求信息，其只能依靠中间商所提供的有限顾客信息，所以在这个时候顾客权益仅仅是停留在表面上。而顾客权益在实践中的实现也逐步成为社会各界人士所关注的焦点，人类需求的进步是技术革新的基本动力，只要有动力，技术革新便会随之而来，当今的科技信息技术革命也就爆发在此种大环境下。在“互联网＋”环境下，整个社会已逐步联结成“网”，信息的快捷化、成本的降低使得厂商与顾客能够展开一对一的沟通，厂商完全可以依照顾客个性化需求来开展生产活动，顾客权益经济时代也终于真正到来。

### （二）电子商务发展影响商品流通渠道权力结构

在商品经济阶段甚至是在市场经济发展的早期阶段，由于生产厂商可以为社会提供较为稀缺的商品资源，使得其在流通渠道体系中一直居于支配地位。因此，中间商就需要顺应生产商的要求，结合生产商需要适时调整，主动或被迫展开持续互动，而顾客也只是参照中间商提供的商品进行被动消费。在这个时候，整个流通渠道体系的权力几乎被生产厂商所掌控，而中间商与顾客的权力所剩无几。一方面，在市场需求方面逐步显现出特色化，考虑到中间商居于流通渠道的最前端，其对消费者的影响效用最大，故而生产厂商需要依靠中间商的力量进行销售。另一方面，日趋激烈的市场竞争使得中间商凭借兼并收购、连锁运营、特许加盟等模式来拓宽发展规模，随着中间商实力的逐步强大，提升了其与生产厂商之间讨价还价的能力。但是在这个阶段，受制于技术环境，顾客的权力并没有出现任何改变。现今，在“互联网 +”环境的支撑下，顾客在商品流通渠道体系中的地位得以改变，逐渐居于主导地位，商品流通渠道体系中的权力正逐步倒向顾客。同时，“互联网 +”环境下电子商务的盛行，在一定程度上削弱了中间商的地位。

但是中间商依旧有存在的空间，究其原因在于交易主体在选择恰当的交易对象时，因为交易数量剧增，交易效率一定会受到影响，进而会增加交易成本。在此种背景下，倘若有了中间商的存在，会大大提高交易效率。但是，中间商的效用也随之改变，其主要功用是提供各类生产、消费信息。所以，“互联网 +”环境下电子商务的发展，带动了整个商品流通渠道系统权力结构的改变，权力从顾客至厂商逐渐弱化，最终使顾客的权力最大化，厂商的权力最小化。

### （三）电子商务发展影响商品流通渠道形态

#### 1. 网络商品流通渠道崭露头角

在商业内部开始出现纵向化分工的过程中，最早开始的是批发商和零售商之间的分工，接着批发商中又涌现出原产地批发商、销售所在地批发商以及中转地批发商之间的分工。正是因为此类不同层次之间的分工，使得商品流通过程中呈现出诸多商业环节，在这之中的任何一个环节均不可以独自完成商品从生产领域至顾客领域的转移过程，需要将它们融合起来，形成一条“关联业务线”。从本质上来讲，传统的商品流通渠道形态就是一条“关联业务线”。如今，“互联网 +”环境引爆了电子商务的发展进程，网络流通渠道也得以繁荣。一是生产厂商可以借助网络直接与顾客进行沟通，进而形成零级商品流通渠道，此时互联网完全取代了传统的多层级商品流通渠道环节，这便是“B2B”形式的电子商务模式；二是为了更好地提升“B2C”之间的贸易效率，网络商品中间商开始出现，进而形成了一级商品流通渠道，此时的网络中间商取代了传统的各级批发、代理商，这便形成了“B2B2C”电商模式。在这里，需要注意一点，此类网络中间商并未向生产厂商购买商品，其只是提供各类需求信息。倘若顾客要购买哪类商品，网络中间商所做的便是将顾客信息传输给相应的生产厂商，至此，网络中间商的工作也得以完成。

**2. 关系型网络商品流通渠道得以发展**

关系型网络商品流通渠道得以发展的主导原因，是商品流通渠道体系中内部权力结构的变更。就生产厂商来讲，顾客与中间商是比较稀缺的资源。对中间商来讲，顾客也是稀缺资源。故而，生产厂商为了确保快速发展，必定要与顾客和中间商之间建构起一种关系型流通渠道来代替传统背景下的交易型商品流通渠道。此外，中间商也需同顾客维持一种长期稳定的战略合作关系，如若不然便会失去顾客，随之失去其存在的价值。所以说，他们需要共同建构的商品流通渠道也是一种关系型商品流通渠道。值得注意的是，此类关系型商品流通渠道体系所关注的不是谋求某个单位贸易利益的最大化，而是一种长期性合作利益的最大化。

### （四）电子商务发展影响商品流通渠道组织架构

在传统贸易形势中，生产厂商为了进一步强化市场渗透及市场开发能力，不得不借助中间商来展开商品流通活动。然而，考虑到时间和空间的局限性以及物流配送体制的不健全，生产厂商只能考虑为数不多的原产地批发商，与此同时，原产地批发商也只能选取数量不多的中转地批发商，以此类推中转地批发商以及销售地批发商也是如此。所以，商品流通渠道的整体架构形同金字塔状。此种金字塔式的商品流通渠道架构在传统贸易形势中发挥着积极的效用，其可以合理地弥补生产与消费之间的时空缺口，以及消除数量上的缺口等。然而，此种金字塔式组织架构会在电子商务时代逐步消亡。原因在于，此类金字塔式的商品流通渠道架构具有难以克服的缺陷：一是商品流通渠道的中间环节繁多，商品流通过程中信息失真率比较高；二是耗费在商品流通环节的成本及费用偏高，商品流通效率在一定程度上会降低；三是生产者与顾客之间距离太远，市场风险性较大。

“互联网＋”环境下的商品贸易，借助网络直销以及一级网络中间商逐步成为各大电子商务企业的首选。随着经济的全球化发展，过去的金字塔式商品流通渠道架构已经逐步丧失了其存在的效用，一种新型的扁平化的商品流通渠道架构正在悄然形成。此种商品流通渠道架构是一种比较完美的架构，其几乎避免了金字塔式商品流通渠道架构的诸多缺陷，比如说缩短了生产者与顾客之间的距离、提升了商品交易效率、降低了交易成本等。如果是在理想情形下，“互联网 +” 环境下的电子商务能够为企业降低一定交易成本，在某种程度上可以帮助生产者规避一定的风险，进而提高顾客满意度。

## 复习思考题

1. 什么是商品流通？

2. 电子商务的发展对商品流通产生了怎样的影响？

3. 商品流通中的规律是什么？

# 项目二　商品流通过程

## 思维导图

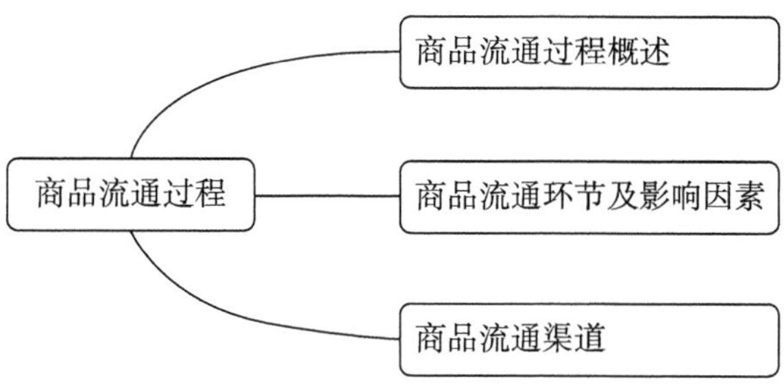


## 学习目标

1. 了解商品流通过程的含义、本质特征；
2. 了解商品流通过程的内容；
3. 了解商品流通环节的含义、影响因素；
4. 了解商品流通渠道的含义、类型、表现形式及影响因素；
5. 能够分析商品流通过程；
6. 能够根据需求合理选择商品流通的渠道。

## 任务1　商品流通过程概述

### 一、商品流通过程

商品流通过程是指商品流通中任何一个商品的交换过程，都是以商品所有者向商品需求者转让商品的所有权为前提，没有买卖双方所有权的转移或让渡，商品实体的转移或转手，商品的流通就不可能发生。从广义上讲，我们把商品所有权的转移或商品与货币位置变换称为商流；把商品实物形态的空间转移称为物流。因此，商品流通过程也是商流和物流的统一过程，商品从生产者手中经过各个流通环节转卖到消费者手中的运动过程。商品流通过程与直接的物物交换不同，在直接的物物交换中，买与卖是统一的，每次买同时也就是卖。商品流通过程则是以货币为媒介的商品交换过程，在这里，买和卖在时间上、空间上分开了。在商品流通过程中，每个商业环节在经营上都经历了购进（进）、储存（存）、销售（销）三个阶段。商品经过进、存、销而完成一次循环，不断的循环形成周转，即商业环节的商品流转。商业环节经过商品流转而销售出去的商品的价格（金额）称为商品流转额。

## 二、商品流通过程的内容

商品流通过程内容十分广泛，从商品流通过程在现代经济活动中的地位及自身运行特点来看，商品流通过程的内容主要包括以下三点。

### （一）商品流通过程的经济联系

商品从生产领域向消费领域转移，是由无数个流通主体的共同行为来完成的。因此，流通主体之间经济联系的合理性，直接决定着流通过程的效应。

在流通过程中，一种合理、有效的经济联系，由以下四个层次组成：第一个层次是市场供求关系，它决定着商品流通运动的方向、规模与结构变化；第二个层次是根据不同商品的特性，选择相应的流通形式；第三个层次是整个商品流通过程中各流通主体之间的分工形式及其行为协调方式、组织形式；第四个层次是流通效益的实现方式及其在各流通主体之间的分配。

### （二）流通过程中的要素结构

商品流通过程的顺利进行，依托于商品流通中相关要素的规模、功能及相互结合方式。商品流通过程中的要素，除商品流通从业者外，还包括商品、货币、信息、流通技术等。这些要素的有机结合，形成适应社会发展需要的流通生产力。

### （三）商品流通过程中的组织主体

商品流通主体是指具有一定行为能力的商品流通参与者，它是一个社会商品流通过程的“细胞”。商品流通主体包括商品供应主体、商品需求主体、商品流通组织主体、商品流通服务主体四个部分。商品流通主体的规模、结构、空间布局、对流通过程的影响方式以及彼此相互结合方式，是商品流通过程研究的基本内容。

## 任务2　商品流通环节及影响因素

商品流通环节，指商品流通过程中形成的商品价值转换和实体运动的具体表现形式。在我国现阶段的商品流通中，以商业为媒介的发达商品流通形式居主导地位，商品流通过程在很大程度上表现为商业组织或商人所推动的商品由生产领域向消费领域的转移过程。

商品流通环节，就是指组成商品流通过程的每次买卖行为，由于商品交换在时间和空间上的分离，通常在商品流通过程中要发生多次交换，其中每次交换就是一次买卖行为，在商业经营者与生产者、消费者或商人之间进行。

### 一、商品流通具体环节

#### （一）批发环节

批发环节是商品大批量在流通中转移的环节，这一环节主要由产品推销部门、商业批发企业、代理商、经纪人、贸易货栈、农副产品批发市场所构成。批发环节介于流通渠道的始端和中间部位，其社会功能在于把分散在各地的生产企业的产品纳入流通过程中，并完成商品在流通过程中间阶段移动的任务。因此，商业批发企业是生产过程和流通过程的衔接纽带，是社会产品进入流通的第一道门。同时，批发关口的类型决定商品流通输出的程度与速度，进而决定整个商品流通的效率。商品在流通过程的运动，有可能经过多次批发环节，把商品送到更远的地点，如我国的一级站、二级站和三级批发企业。

#### （二）零售环节

零售环节是直接向消费者提供商品及服务的环节，包括生产企业所设的门市部、商业零售企业、个体商贩、各部门所设的小卖部、服务社等。零售环节位于商品流通终端，是流通过程与消费领域的结合点，也是商品流通的最后关口。当商品经过零售送达消费者手中，商品运动也就终止了。

### （三）仓储环节

商品在流通过程中的停留，形成商品储存。合理地组织商品储存，保证商品储存量和商品储存结构合理化，对于保证商品流通顺利进行，缩短流通时间，加速资金周转，降低流通费用，具有重要作用。

## 二、影响商品流通环节的因素

适度的商品流通环节是组织合理的商品流通过程的重要内容。在商品流通过程中，商品流通环节过多，就会延长商品流通时间，增加流通费用，加重消费者负担。商品流通环节过少，又不利于开展商品大流通。因此，适度的商品流通环节是合理组织商品流通应考虑的一个重要问题。适度的商品流通环节，从根本上来讲，主要取决于商品流通的实际需要。具体来说，应考虑如下因素。

### （一）商品的自然属性

不同的商品有其不同的自然属性，按照商业客体运行目标的基本要求，应最大限度地保存商品的使用价值，在组织商品流通时应选择适合各自商品自然属性的流通环节。

### （二）交通运输状况

供求双方之间距离的远近及交通运输状况。在距离相差较远的情况下，流通环节可能会多一些；在距离相差较近的情况下，流通环节可能少一些。交通运输条件差的地方，商品流通环节可能会多一些；交通运输条件好的地方，商品流通环节可能会少一些。

### （三）政策规定

国家的经济政策，如商品管理政策、价格管理政策等，会影响商品流通环节的选择。总之，在社会主义市场经济条件下，为了合理组织商品流通，迅速将商品从生产领域转入消费领域，应尽量减少不必要或不合理的流通环节，以达到资源的最佳配置。

### （四）商品生产和商品流通的规模

商品生产和商品流通的规模是影响流通环节增减变化的决定性因素。一方面，随着我国市场经济的发展，用来交换的劳动产品日益丰富，尤其是我国农村和边远地区从自给半自给经济向商品经济转化，人们的生产和消费越来越带有商品性，横向经济联系日益发展，使商品交换的深度和广度不断发展，有许多产品卷入了全国市场的流通，甚至进入了国际市场，从而促使流通环节有增加的趋势。另一方面，随着区域经济的发展。许多地方的商品自给率扩大，不再需要进行长途运销，加上横向经济联系的发展，打破了行政区划的界限，产地与销地的直接交易广泛而灵活地开展起来，这样使有些商品的贸易环节呈减少趋势。

### （五）商品生产布局和商品经营特点

有的商品生产集中在个别城市，销售遍及全国，商品的集散矛盾很大，需要经过多道流通环节。而地产地销的商品，或者鲜活易腐商品，则要求经过最少的流通环节，尽量实行产销直接交易。

### （六）商业经营机构

商品流通环节的多少，往往表现为商品在流通过程中所经过的经营机构的多少。一般来说，商品流通最终的零售环节是不能取消的，因此，流通环节的增减主要反映在批发环节。如果批发机构按行政区划设置，商品按行政层次调拨，就会打乱商品的自然流向，增加不必要的流通环节。如果批发机构按经济区域设置，按商品自然流向合理组织商品流通，就能避免不必要的流通环节。

### （七）商品价格状况

每一道流通环节都要耗费一定的流通费用，并取得一定的利润，这些都要在商品进销价格中进行体现。因此，商品的进销差价与流通环节的增减有关。如果商品进销差价过大，就可能造成流通环节过多，使经营企业吃“环节饭”。所以，合理制订商品价格，特别是批发价格与零售价格，建立合理的商品差价体系，对于促使流通环节合理化具有重要影响。

# 任务3　商品流通渠道

## 一、什么是商品流通渠道

商品流通渠道，顾名思义，如同渠道本意是指水据以流动的通道一样，应当是商品由生产领域向消费领域运动的载体。那么，这种“载体”又是由什么构成的呢？如同水的流动需要势能一样，体现着社会经济关系的商品也并不能靠自己“流”向消费领域，而是必须借助社会力量的推动，关键就是商品的“监护人”即商品所有者，为实现一定经济利益而进行的商品经营活动。只是由于这种经营活动可以是一个经营者的活动，也可以是数个经营者相互衔接的经营活动，即通过商品货币关系发生一次至数次买卖活动，才推动商品最终作为使用价值进入消费领域。可见，构成商品面向消费运动的载体不是别的，正是这样一些从事商品交换活动的商品所有者，包括商品生产者这个第一流通当事人和其他后续的流通当事人。所以，商品流通渠道实际上是由一个个从事商品交换活动，并共同推动商品面向消费运动的商品所有者组成的、直接推动商品在其形态变换中［W（商品）—G（货币）、G—W 的价值形态变换］由生产领域进入消费领域的组织序列。这里的每一个商品所有者，我们称为“渠道成员”。由于渠道成员所进行的每一次商品买卖活动都会形成一个导致商品所有权随之更迭的商品经营环节或称商品流通环节，所以也可以说，商品流通渠道就是商品在其形态变换中由生产领域进入消费领域所经过的流通环节的组织序列。对商品流通渠道的这一认识，不仅是一般意义上的抽象理论，实际上它还包含着更为丰富的经济内容。

我们知道，为社会消费需要而生产出来的商品，总是要面向消费运动的，只有抵达消费领域，它的价值和使用价值才能得到实现。商品流通渠道作为商品据以运动的通道，也就必然是一端连接生产，另一端连接消费，它既是生产的排水渠，又是消费的引水渠。所以，它的形成必定会受到生产与消费的制约，它所组织的也一定是从生产者到消费者（或用户）之间“一通到底”的完整的商品流通过程，而不会是其中的某一阶段。这就意味着：第一，有生产而无消费需求，或者相反，都不可能形成商品流通渠道；第二，商品流通渠道绝不是某一个孤立的流通环节，而环节的多少以及每一个环节的运转状况，都密切关系到整条渠道的畅通与否；第三，只是在既有生产、又有需求的前提下，并且在各个必需的流通环节协调运转的情况下，商品流通渠道才能正常履行其商品面向消费运动的载体功能。商品是使用价值与价值的统一体。商品在流通领域的运动包括使用价值即商品实物体的物理运动和价值形态变化这两个完全不同的过程。这两个过程可以合而为一进行，也可以互相分离进行（最终仍要合而为一）；但是商品形式与货币形式互相转换这种价值形态变化，是商品流通的本质规定。事实上，有时甚至没有商品的物理运动，商品也可以流通。例如，买卖房屋；期货交易（指最终交易前的历次交易）。这就表明，如果只存在商品的物理运动而不存在商品的价值形态变化，就不能称其为商品流通，也就无所谓商品流通渠道。因此，商品流通渠道反映的不是商品实物体场所变更的空间路线，不是商品的物流过程（物流过程是商品世界与非商品世界共有的现象），而是商品价值形态变化的经济过程。而商品价值形态变化的经济过程，必定是商品所有者（包括商品的生产者和流通当事人）实现其经济利益的过程，因此，商品流通渠道总是密切关系到商品生产者、经销者、消费者（用户）的经济利益。经济利益的多少也就成了商品流通渠道形成与否、畅通与否的关键问题。商品流通渠道由一个个流通环节互相衔接组合而成，而每一个环节的主体都是一个经济单位（企业或个体生产经营者），经济单位又具有一定的所有制形式，所以，商品流通渠道与经济成分、经济形式密切相关。但这两者不能混为一谈。经济单位的所有制形式说明的是生产资料或流通资料归谁所有，反映着商品流通渠道的社会性质；但它不是渠道本身，不能说明流通渠道的经济功能。在现实生活中，任何一条商品流通渠道既可以由同一种所有制形式的经济单位相互衔接组成，也可由不同所有制形式的经济单位交互衔接而共同构成，后者更为常见。因此，流通领域中一种所有制形式就是一条流通渠道、几种所有制形式就是几条商品流通渠道的说法是不确切的。商品流通渠道与商品流通形式密切相关。不同的商品流通形式，亦即生产与消费通过商品货币关系的不同联系形式，会形成不同类型的商品流通渠道。

在什么是商品流通渠道这个基本问题上，除以上认识外，还存在一些其他解释，大体有以下五种。一是商品由生产领域进入消费领域的通道（或路线、网络），此为“通道说”。但是，如果运用文法中的“缩句法”，这句话就变成了“渠道是通道”。显然，这是一种同义反复。二是商品由生产领域进入消费领域的经济过程，此为“过程说”。显然，这里的过程就是商品流通过程，而“商品流通过程”与“商品流通渠道”是两个不同的概念，后者只是前者的一个侧面。如果这里所说的“经济过程”不是指“商品流通过程”，那就变得难以理解了。三是商品的产销形式和购销形式，此为“形式说”。我们以为，商品的产销形式如产销合一、产销分离，购销形式如统购包销、选购自销等，只能影响各种流通渠道如何形成，影响商品进入的渠道类型，而非渠道本身。这种认识实际上是把流通渠道与经营方式混为一谈了。四是商品实体从生产到消费的运动方式（环节、路线），此为“实体运动说”。这种表述实际上把商品流通渠道归结为“物流”组织，抽去了“商流”这一商品流通的质的规定性。五是商品流通渠道混同为流通当事人的所有制形式，此为“所有制说”。当人们强调流通领域中某种或某几种经济成分的作用时，往往会有这种提法。这种提法作为一种工作用语似无不可，但如上所述，这并非科学理论；而且，这种提法往往会误导人们忽略如何组织本来意义上的多渠道流通，特别会严重忽略网营商业、供销社商业如何实现多渠道流通，误以为国营商业、供销合作社商业根本不存在多渠道流通问题。须知，同一种所有制的流通当事人可能有多种组合方式，从而形成多样化的流通渠道；不同所有制的流通当事人如果用固定不变的方式组合，仍然会形成单一化的流通渠道。所以，不能把上述工作用语直接等同于科学的理论。谈到“国营商业的主渠道作用”，我们得理解，这里实际上讲的是“国营商业在商品流通中的主导作用”，因而也就不能由此而将国营商业说成是一条流通渠道。我们对商品流通渠道的这一认识，可以概括为研究商品流通渠道，实现多渠道流通，是不能不研究商品流通环节的。正是流通环节的增减变动，才形成了多样化的商品流通渠道。而实现流通环节的协调运转和合理组合，则是研究商品流通渠道的要旨所在，是搞活商品流通的关键问题之一。

## 二、影响商品流通渠道的因素

### （一）市场因素

市场需求的满足是商品流通活动的最终目的，因而市场因素将会对流通渠道的结构产生巨大影响。一般而言，市场因素中的市场性质、市场区域、市场规模、市场密度和市场行为是影响流通渠道结构的主要因素。

**1. 市场性质**

市场性质是指产品类型，一般而言，工业品市场一般采用不包括零售商的短渠道；而消费品市场则一般采用包括零售商的较长的商品流通渠道。

**2. 市场区域**

市场区域是指市场的地理规模、位置及其与生产者之间的距离。一般而言，生产者距离市场越远，市场的地理规模越大，在流通渠道中则可能包括更多的中间机构，从而使渠道更长。因为间接的长渠道往往能够比直接渠道节省更多的流通成本。

**3. 市场规模**

市场规模是指市场最终用户的数量。一般而言，市场规模越大，渠道可能越长，市场规模越小，渠道越短。

**4. 市场密度**

市场密度显示了最终用户在空间上的集中程度，用每单位区域内终端用户的数量来表示。总体来讲，市场密度越低，将商品有效地销售给最终用户的难度越大，因而需要采用包括中间机构的间接渠道；相反，市场密度越高，则越可能使用直接渠道。

**5. 市场行为**

市场行为是指终端用户购买行为的特征，它包括用户购买的方式、时间、地点以及实施购买的主体类型，每一种购买行为形式都会对渠道结构产生重要影响。如果用户的购买方式为少量、多频次购买，则需要使用长渠道来达到目标市场；如果用户的购买行为受季节的影响较大，则需要使用长渠道，以让中间商负担起存货的职能，由此减少生产过程的波动；如果用户越来越喜欢在家里购物，则可以取消中间商，采用直接渠道；如果消费品市场由家庭夫妻双方共同参与购买，则需要将服务于夫妻双方的零售商纳入流通渠道；而工业品市场上由于有多个主体影响采购决策，则需要采用对做出采购的主体成功施加影响的直接渠道方式。

### （二）商品因素

商品是商品流通的对象，因此，商品因素是选择商品流通渠道的决定性因素。

一般来说，影响商品流通渠道结构的商品因素包括以下几个方面。

**1. 商品种类**

如前所述，工业品的流通渠道一般要短一些，而消费品流通渠道则较长。而在消费品中，非选择性商品，即消费者经常购买、价格低廉、消费者数量众多、分布广泛的商品，渠道要长一些。相反，选择性商品和特殊性商品的渠道则要短一些，因为这类产品的价格较高，使用时间较长，且消费者的购买频次也较低。

**2. 体积与重量**

体积大且重量较重的商品，其流通渠道就会短一些，因为这类产品的物流成本较高，在多个渠道成员之间转移时需要花费大量的物流成本。因此这类商品可以选择由生产者直接向用户供货的方式。相反，体积小、重量轻的商品流通渠道可以长一些。

**3. 易腐性**

易腐性包括实体商品的腐烂变质和商品的有效期或流行期较短两项内容。易腐商品的流通渠道一般要短一些，以减少商品在流通渠道中滞留的时间。因此这类商品可以采用直接渠道，而当直接渠道到达市场的成本过高时，也要尽可能减少中间商。

**4. 单位价值**

总的来说，产品的单位价值越低，其流通渠道就可以相对越长，这是因为低单位价值所发生的流通费用也较低。这也是日用消费品流通渠道比工业品流通渠道长的原因。

**5. 标准化程度**

标准化程度较低的定制品一般采用直接渠道，由生产者直接提供给消费者；而标准化程度较高的产品则可以通过间接渠道，由中间商销售给终端用户。

**6. 技术服务要求**

商品使用过程中所需要的技术服务越多、要求越高，流通渠道的长度就越短，通常采用直接渠道的方式，以保证生产者向用户提供此类服务的质量。相反，技术服务要求不高的商品，流通渠道则可以长一些。

### （三）生产者因素

对流通渠道结构产生较大影响的生产者因素主要指生产者的流通策略，其流通策略的变化将会影响其对流通渠道类型的选择。例如，如果生产者采取保护市场份额的垄断竞争策略，那么它就必须对流通渠道实施程度较高的控制，从而可能强化其直接渠道的功能。另外，生产者的财务能力、产品组合的宽度以及管理能力的强弱和经验的多少，也会对流通渠道的结构产生影响。

### （四）流通者因素

流通者对流通渠道结构的影响主要产生于其对规模经济的追求。例如，为了获得规模经济，零售商通过连锁经营或组建集团等方式代行批发商职能，直接从生产者处采购。这些行为都会导致原有流通渠道的结构发生变化。

### （五）消费者因素

消费者由于购买习惯、生活方式等方面的改变也会对渠道结构产生影响。例如，为了购物的方便，消费者倾向于将所需物品一次购买完成，从而促进了经营非选择性商品的超级市场的发展；或者，如果消费者喜欢在附近的杂货店或便利店购买，则会使杂货店或便利店发展成经营某类商品的有效渠道。

## 复习思考题

1. 商品流通过程包含了哪些内容？
2. 对商品流通过程环节以及流通渠道产生影响的因素有哪些？

# 项目三　商品包装与设计

## 思维导图

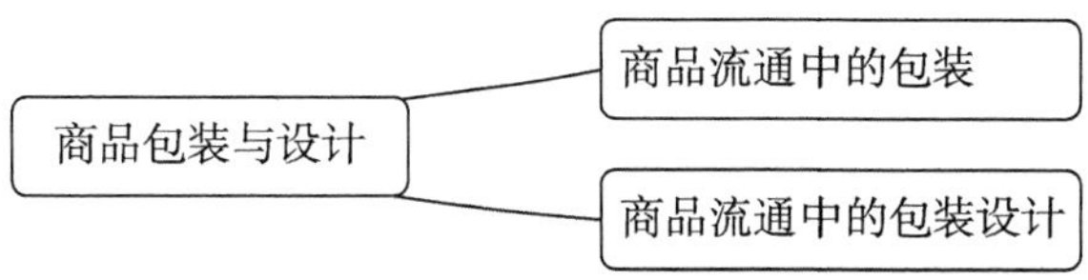


## 学习目标

1. 了解在商品流通过程中，包装的功能与分类；
2. 熟悉商品包装设计的创意方法；
3. 能够掌握商品流通过程中包装设计的操作流程。

## 任务1　商品流通中的包装

### 一、包装的功能

良好的包装不仅可以保护商品，而且还能宣传和美化商品，提高商品身价，吸引顾客，拓宽销路，并在一定程度上显示出口国家的科技、文化、艺术水平。具体来说，商品的包装具有如下几个方面作用。

#### （一）保护与盛载

保护与盛载被包装物是包装制品的最基本功能。被包装物品的复杂性决定了它们具有各种质地和形态，有固体的、液体的、粉末的或膏状的等。这些物品一旦形成商品后，就要经过多次搬运、储存、装卸等过程，最后才能流入消费者手中。在以上流通过程中，商品都要经历冲撞、挤压、受潮、腐蚀等不同程度的损毁。如何将其保持完好状态，使各类损失降到最低点，这是包装制品生产制造之前首先应考虑的问题，同时也是选材设计乃至结构设计的理论依据。具体表现在以下几个方面。

**1. 防止震动、挤压或撞击**

商品在运输过程中要经历多次装卸、搬运。如震荡、撞击、挤压及偶然因素，极易使一些商品变形、变质。因此在包装选材上应该选取那些具有稳定保护性的材料，设计结构合理的盛装制品才能充分发挥包装的功能。

**2. 防干湿变化**

过于干燥、过分潮湿都会影响某些被包装商品的品质，在这一类商品的包装选材上，应当选取那些通透性良好的材料。

**3. 防冷热变化**

温度高低会影响某些商品的性质。适宜的温度有利于保质保鲜，不适宜的温度往往造成商品干裂、污损或霉化变质。因此，包装在选材上要考虑温度变化会对商品的影响。

**4. 防止外界对商品的污染**

包装能有效地阻隔外界环境与内装商品之间的联系，形成一个小范围的相对“真空”地带，这样，可以阻断外部环境产生的微生物对内装商品的侵害，防止污物接触商品而使其发生质变。

**5. 防止光照或辐射**

有些商品不适于紫外线、红外线或其他光照直射。如化妆品、药品等，光照后容易产生质变，使其降低功效或失去本色。

**6. 防止酸碱的侵蚀**

一些商品本身具有一定的酸碱度，如果在空气中与某些碱性或酸性及具有挥发性的物质接触时，就会发生潮解等变化，影响被包装商品本质。如油脂类商品，用塑料制品包裹时间过长，就会产生化学变化而影响商品的品质。

**7. 防止挥发或渗漏**

许多液态商品极易使其在储运过程中受损，如碳酸饮料中溶解的二氧化碳膨胀流失，某些芳香制剂和调味品挥发失效等，而包装物的选择恰恰能避免其特性的改变。

## （二）储运与促销

由于包装与被包装物都属于商品，商品在流通领域中就存在着运输储存等客观因素。各类商品大小形态不一，这样会给运输或储存带来许多不便，而包装恰恰能够解决这一问题，它可以统一商品的大小规格，以方便储存或运输过程中的搬运或数量的清点。同时，包装物还可以印以各类图形、文字，利用鲜明的色彩，提醒消费者使用或注意，以达到促进消费的最终目的。如香烟包装上的“吸烟有害健康”的字样，提醒人们在购买这类商品时应引起注意。在食品包装中，关于注意卫生或有关其他方面的教育也屡见不鲜。

## （三）美化商品与传达信息

包装中视觉效果的传达是包装中的精华，是包装最具商业性的特质。包装通过设计，不仅使消费者熟悉商品，还能增强消费者对商品品牌的记忆与好感，提升对生产商品企业的信任度。包装物还可以通过造型给人以美感，体现浓郁的文化特色。这样包装的商品具有了生命活力和美感。当然商品的自身价值也会提升。有的包装制品甚至可以当作艺术品供人玩味珍藏。这样一来，就能将消费环节的诸多因素调动起来，在消费环节中进行全方位的渗透，以达到促进消费的目的。

## （四）卫生与环保

包装就是将各类商品盛装在特定的容器中，在盛装之前包装物都要经过清洗、干燥、消毒、除尘等几道工序的处理。盛装商品后，使商品与外界细菌或有毒物质隔离，在一定程度上保持了商品加工流通过程中的稳定性。包装的这个功能恰恰减少了商品的二次污染，充分体现了现代文明社会中产品卫生的首要准则。包装制品除了美观大方、便于使用外，更要无毒无污染。特别是近几年兴起的包装行业中的绿色革命，在人们心目中形成了环保消费的观念。提倡消费者使用那些可以循环利用的或是不会造成环境污染的包装制品，如我们常见的啤酒瓶、可降解的一次性快餐盒等，备受广大消费者的青睐。而那些污染性强的包装物，一方面已被限制或禁止使用，另一方面也没有市场前景，最终要被社会所淘汰。

### （五）循环与再生利用

包装制品有许多是可以循环使用的，有的可以通过回收处理后反复使用，有的通过有效的方式进行再加工处理，也可再次制成包装制品。包装制品的这种循环与再生利用功能，一方面可降低包装制品的成本，另一方面又可充分利用和节省资源，更符合可持续发展的要求。

### （六）成组化与防盗功能

成组化是指将同一种商品或同一类商品或不同类商品，以包装为单位，通过中包、大包的形式将其组合包装在一起，使包装后商品的功能更加完备，从而达到一个新的商品价值和使用效果的过程。

防盗功能是保护功能的延伸，是防止被包装的商品遗失而设计的一种特殊功效。如包装药品罐的铅封一旦被打开，就会留下明显的开启痕迹，从而起到提示作用。

## 二、包装的分类

正如人们常说的一样，“包装是沉默的商品推销员”。商品种类繁多，形态各异、五花八门，其功能作用、外观内容也各有千秋。所谓内容决定形式，包装也不例外。所以，我们对包装进行如下分类。

**1. 按产品内容分**

日用品类、食品类、烟酒类、化妆品类、医药类、文体类、工艺品类、化学品类、五金家电类、纺织品类、儿童玩具类、土特产类等。

**2. 按包装材料分**

不同的商品，考虑到它的运输过程与展示效果等，使用材料也不尽相同。如纸包装、金属包装、玻璃包装、木质包装、陶瓷包装、塑料包装、棉麻包装、布包装等。

**3. 按产品性质分**

销售包装又称商业包装，可分为内销包装、外销包装、礼品包装、经济包装等。销售包装是直接面向消费的，因此，在设计时，要有一个准确的定位，以满足商品的诉求对象，力求简洁大方，方便实用，而又能体现商品性。

储运包装，也就是以商品的储存或运输为目的的包装。它主要在厂家与分销商、卖场之间流通，便于产品的搬运与计数。设计并不是重点，只要注明商品的数量，发货与到货日期、时间与地点等，就可以了。

军需品的包装，也可以说是特殊用品包装，由于在设计时很少遇到，所以在此不做详细介绍。

**4. 按包装的形状分**

个包装：个包装也称内包装或小包装。它是与商品最亲密接触的包装。它是产品走向市场的第一道保护层。个包装一般都陈列在商场或超市的货架上，最终连商品一起卖给消费者。因此我们设计时，更要体现商品性，以吸引消费者。

中包装：中包装主要是为了增强对商品的保护、便于计数而对商品进行组装或套装。比如一箱啤酒是 6 瓶，一捆是 10 瓶、一条香烟是 10 包等。

大包装：大包装也称外包装、运输包装。因为它的主要作用是增加商品在运输中的安全性，且又便于装卸与计数。大包装的设计，相对个包装简单得多。一般在设计时，需要标明产品的型号、规格、尺寸、颜色、数量、出厂日期，再加上一些视觉符号或标语，诸如小心轻放、需防潮、需防火、堆压极限、商品有毒等。

# 任务 2　商品流通中的包装设计

## 一、包装设计的基本流程

**1. 第一个阶段：前期准备阶段**

包装设计前期准备阶段往往是一个收集资料的过程，在企业方面，需要了解商品特点、企业形象和企业文化。这有利于设计人员在进行设计时保证产品的设计是符合企业文化的，不会与企业的风格冲突，同时可以体现出商品的特点。

在消费者方面，需要了解消费者的需求。消费者需求在产品包装设计中是一个非常重要的部分。因为消费者在进行购买时是有选择的，在消费者不了解产品的实用性之前，往往好的外观设计能够吸引消费者进行消费。

另外，设计人员在进行设计时可能还需要知道销售时间和销售地点，如果是在特殊的时间和地点进行销售的话，设计就需要贴合时间和地点。

### 2. 第二个阶段：设计展开阶段

在这个阶段里包装设计人员需要将设计的初稿做好，并不断加以修改，根据产品的定位和已知的产品特点、消费者需求来对既定的设计稿不断进行修改，尽可能地表现出商品特有的文化含义和贴近消费者需求。

在这个阶段往往还需要考虑商品最后所用的材质，因为不同的材质所采用的设计类型是不同的。如玻璃、塑料、水晶由于结构上的区别，它们能够做的设计的区别非常大，而且对人群的定位也不同。

### 3. 第三个阶段：设计制作阶段

这个阶段往往跟设计人员的关系已经不大了，设计人员在这个阶段需要在生产过程中告诉生产人员应该如何处理细节部分，这个阶段主要是由生产部门进行的，将已有的设计稿做成成品。

包装设计的基本流程中最重要的是前期准备阶段，前期准备阶段是否准备充分决定了后期制作出来的产品包装是否符合大众需要，这决定着企业的盈利。好的包装设计是有亮点的，是能够让人在众多商品中迅速被它吸引。

## 二、包装设计的创意方法

### （一）直接展示法

这是一种最常见的手法，可使消费者对所宣传的产品产生一种亲切感和信任感。这种手法由于直接将产品推向消费者面前，所以要十分注意画面上产品的组合和展示角度，应着力突出产品的品牌和产品本身最容易打动人心的部位，运用打光和背景进行烘托，使产品处于一个具有感染力的空间，这样才能增强广告画面的视觉冲击力。

### （二）突出特征法

运用各种方式抓住和强调产品或主题本身与众不同的特征，并把它鲜明地表现出来，将这些特征置于广告画面的主要视觉部位或加以烘托处理，使观众在接触画面的瞬间就能感受到，对其产生注意和视觉兴趣，达到刺激购买欲望的促销目的。在广告表现中，这些应着力加以突出和渲染的特征，一般由富于个性产品形象与众不同的特殊能力、企业标志和产品的商标等要素来决定。突出特征的手法也是我们常见的表现手法，是突出广告主题的重要手法之一，有着不可忽略的表现价值。

### （三）对比衬托法

对比把作品中所描绘的事物的性质和特点放在鲜明的对照和直接对比中来表现，借彼显此，互比互衬，从对比所呈现的差别中，达到集中、简洁、曲折变化的表现。通过这种手法，可更鲜明地强调或提示产品的性能和特点，给消费者以深刻的感受。作为一种常见的且行之有效的表现手法，可以说，对比手法的运用，不仅使广告主题加强了表现力度，而且饱含情趣，扩大了广告作品的感染力。对比手法运用得成功，能使貌似平凡的画面处理隐含着丰富的意味，展示了广告主题要表现的不同层次和深度。

### （四）合理夸张法

借助想象，对广告作品中所宣传的对象的品质或特性的某个方面进行相当明显的夸大，以扩大这些特征的认识。文学家高尔基指出："夸张是创作的基本原则。"通过这种手法能更鲜明地强调或揭示事物的实质，加强作品的艺术效果。夸张是一般中求新奇，通过虚构把对象的特点和个性中美的方面进行夸大，赋予人们一种新奇与变化的情趣。按其表现的特征，夸张可以分为形态夸张和神情夸张两种类型，前者为表象性的处理品，后者则为含蓄性的情态处理品。通过夸张手法的运用，为广告的艺术美注入了浓郁的感情色彩，使产品的特征更鲜明、突出、动人。

### （五）以小见大法

在广告产品包装设计中对立体形象进行强调、取舍、浓缩，以独特的想象抓住一点或一个局部集中描写或延伸放大，以更充分地表达主题思想。这种艺术处理以一点观全面，以小见大，从不全到全的表现手法，给产品包装设计者带来了很大的灵活性和无限的表现力，同时为接收者提供了广阔的想象空间，获得生动的情趣和丰富的联想。以小见大中的"小"是广告画面描写的焦点和消费者视觉兴趣中心，它既是广告创意的浓缩，也是产品包装设计者匠心独具的安排，因而它已不是一般意义的"小"，而是小中见大，以小胜大的高度提炼的产物，是简洁的刻意追求。

### （六）运用联想法

在审美的过程中通过丰富的联想，能突破时空的界限，扩大艺术形象的容量，加深画面的意境。通过联想，人们在审美对象上看到自己或与自己有关的经验，美感往往显得特别强烈，从而使审美对象与审美者融合为一体，在产生联想过程中引发了美感共鸣，其感情的强度总是浓烈的、丰富的。

### （七）富于幽默法

幽默法是指广告作品中巧妙地运用喜剧性特征，抓住生活现象中局部性的东西，通过人们的性格、外貌和举止的某些可笑的特征表现出来。幽默的表现手法，往往运用饶有风趣的情节，巧妙的安排，把某种需要肯定的事物，无限延伸，造成一种充满情趣，引人发笑而又耐人寻味的幽默意境。幽默的矛盾冲突可以达到出乎意料、又在情理之中的艺术效果，引起观赏者会心的微笑，以别具一格的方式，发挥艺术感染力。

### （八）借用比喻法

比喻法是指在产品包装设计过程中选择两个本身各不相同，而在某些方面又有些相似性的事物，“以此物喻彼物”，比喻的事物与主题没有直接的关系，但是某一点上与主题的某些特征有相似之处，因而可以进行延伸，达到“婉转曲达”的艺术效果。与其他表现手法相比，比喻手法比较含蓄，有时难以立刻理解，但一旦领会其意，便能让人回味无穷。

### （九）移情托物法

艺术的感染力最有直接作用的是感情因素，审美就是主体与美的对象不断交流感情产生共鸣的过程。在表现手法上故弄玄虚，布下疑阵，使人对广告画面乍看不解其意，造成一种猜疑和紧张的心理状态，在消费者的心理上掀起层层波澜，产生夸张的效果，驱动消费者的好奇心，开启积极的思维联想，引起消费者进一步探明广告题意之所在的强烈愿望，然后通过广告标题或正文把广告的主题点明出来，使悬念得以解除，给人留下难忘的心理感受。悬念手法有相当高的艺术价值，它能加深矛盾冲突，吸引观众的兴趣和注意力，造成一种强烈的感受，产生引人入胜的艺术效果。

### （十）选择偶像法

在现实生活中，人们心里都有自己崇拜、仰慕或效仿的对象，而且有一种想尽可能地向他靠近的心理欲求，从而获得心理上的满足。这种手法正是针对人们的这种心理特点运用的，它抓住人们对偶像仰慕的心理，选择观众心目中崇拜的偶像，配合产品信息传达给观众。由于偶像有很强的感召力，故借助偶像，可以大大提高产品的印象程度与销售地位，树立名牌的可信度，产生不可言喻的说服力，诱发观众对广告中偶像所赞誉的产品的注意，激发起购买欲望。选择的偶像要与产品或服务有一定适配度，不然会给人牵强附会之感，使人在心理上难以接受，这样就不能达到预期的目的。

### （十一）谐趣模仿法

这是一种创意的引喻手法，采用以新换旧的方式，把大家所熟悉的名画等艺术品和社会名流等作为谐趣的图像，通过一定的技术，使名画名人产生谐趣感，给消费者一种崭新奇特的视觉印象和轻松愉快的心情，从而提高广告的宣传效果，增加产品身价和关注度。这种表现手法将广告的说服力，赋予一种近乎漫画化的诙谐情趣中，使人赞叹，令人发笑，让人过目不忘。

### （十二）神奇迷幻法

以无限丰富的想象构织出神话或童话般的画面，在一种奇幻的情景中再现现实，造成与现实生活的某种距离，这种充满浪漫主义，写意多于写实的表现手法，以神奇的视觉感受，给人一种特殊的美感，可满足人们喜好奇异多变的审美情趣的要求。在这种表现手法中，艺术想象很重要，从创意构想开始直到产品包装设计结束，想象都在活跃地进行。它的基本趋向是对联想所唤起的经验进行改造，最终构成带有审美者独特创造的新形象，产生强烈打动人心的力量。

### （十三）连续系列法

通过连续画面，形成一个完整的视觉印象，使通过画面和文字传达的广告信息十分清晰、突出、有力。广告画面本身有生动的直观形象，多次反复的积累，能加深消费者对产品或服务的印象，获得好的宣传效果，对扩大销售，树立名牌，刺激购买欲，增强竞争力有很大的作用。

## 复习思考题

1. 商品流通过程中包装有哪些分类和功能？
2. 包装设计中有哪些阶段和方法？

# 项目四　商流

## 思维导图

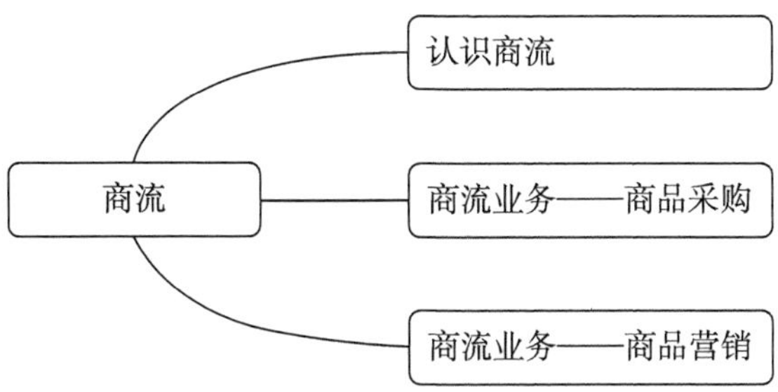


## 学习目标

1. 了解商流的概念、构成、职能；
2. 了解商品采购的概念、原则；
3. 了解商品销售的概念、销售方式及影响销售方式选择的因素；
4. 能够按流程完成商品采购业务；
5. 能够根据实际情况选择合适的销售方式。

## 任务1　认识商流

### 商流的概念、构成、职能

商流指商品价值的运动。商品贸易完成以后，必然要发生商品所有权的转移，从商流来讲，金融事业的发达，信用制度的完善，网络的普及，信用卡的广泛使用，使各种商品交易无论是大宗的还是零星的，都能做到结算快捷、交易成本减少、差错率下降，而且还可适应各种商品的自然属性、社会属性和产销特点，实现超前交易［期货交易、预购和延后交易（分期付款、赊销等）］。

商流是指物品在流通中发生形态变化的过程，即由货币形态转化为商品形态，以及由商品形态转化为货币形态的过程，随着买卖关系的发生，商品所有权发生转移。另一种“商流”的概念则是，考虑如何从终端向上拉动，引导经销商如何操作产品、协助经销商建立分销渠道、作为厂商的桥梁便于两者间的沟通顺畅、控制经销商操作行为等。

产生商流的机制大致有以下几点。

互补性：即两地区间贸易需求和供应模式的互补。有三种可能性，一是潜在互补性，反映不同地区自然资源、文化景观和政治体制的差异，根据比较利益法则可能会导致区域专业化和交换；二是可能互补性，即生产能力在一个区域内出现剩余并在另一区域出现匮缺；三是实际互补性，一个区域通过专业化生产出现剩余产品而满足另一区域的需求。

可传输性：包含商品本身的价值，决定它能否支付长距离运输的成本；商品本身的特性如易腐性、危险性、易毁性等；与地表相关的特性如自然环境（地形、气候等）和人为环境（交通运输设施）。

介入机会：借鉴斯托夫1940年研究移民时使用的概念，厄尔曼更多地考虑了距离的影响。商品流研究还包括商品流动的数量、种类、价值、流向、距离等。特别是要研究在当前国际、国内经济中起重要影响的粮食、工业原料、重要矿物资源、主要工业产品等商品的国际或区际流动的机制、条件。在商品流研究上已成功运用了一系列数学分析方法，包括线性规划、区际投入产出分析、最大熵概念、马尔科夫链等。

物流、资金流和信息流之间是合为一体的，并且在最初的商品经济中，资金流与物流也是高度统一的，或者说两者的运动路径是一致的，都是一手交钱一手交货。这种一致性一直保持到期货交易形式的出现，交易时间与交货时间出现了分割，资金流和物流也发生了偏离。而信息流产生于物流和资金流的运动过程中，其产生是为了服务物流和资金流。信息流的作用是对物流和资金流运动的描述与记录，以反映两者的运动过程，为经济决策提供依据。在现实经济中，资金流与物流的分离可以概括为三种类型：一是资金流在前、物流在后，如商品预购；二是物流在前、资金流在后，如商品赊销；三是资金流和物流在某些环节上的分离，如很多商品的实际流通过程都表现为所有权的几易其手，商品实体则通过一次运动完成其转移过程。此外，在某些商品流通的某一环节中，也存在着只有资金流而没有物流或只有物流没有资金流的特殊形态。需要指出的是，资金流和物流不同形态、程度的分离是适应商品流通内在客观要求而发展起来的，它从不同侧面、不同程度上解决了商品流通过程中的矛盾和问题，促进了商品交换的发展。

# 任务2 商流业务——商品采购

## 一、商品采购概述

### （一）商品采购的定义

商品采购（Merchandise Procurement）是指零售企业为实现企业销售目标，在充分了解市场要求的情况下，根据企业的经营能力，运用适当的采购策略和方法，通过等价交换，取得适销对路的商品的经济活动过程。它包括两方面的内容：一方面采购人员必须主动地对用户需求作出反应，另一方面采购人员还要保持与供应商之间的互利关系。

### （二）商品采购的原则

零售企业如果想采购到适销对路、品质优良的商品，采购过程中应遵循一定的原则。零售企业要根据各类商品的进货渠道和来源的不同特点，结合各企业的实际情况，采用相应的商品采购方式。

**1. 以需定进**

以需定进是指根据目标市场的商品需求状况来决定商品的购进。对零售企业来说，买与卖的关系绝不是买进什么商品就可以卖出什么商品；而是市场需求什么商品，什么商品容易卖出去，才买进何种商品。所以以需定进的原则又称为“以销定进”，即卖什么就进什么，卖多少就进多少，完全由销售情况来决定。

以需定进原则可以解决进货与销售两个环节之间的关系，又能促进生产厂家按需生产，避免了盲目性。

坚持以需定进原则时，还要对不同商品采取不同采购策略。

（1）对销售量一直比较稳定，受外界环境因素干扰较小的日用品，可以以销定进，销多少买多少，销什么买什么；

（2）对季节性商品要先进行预测，再决定采购数额，以防止过期造成积压；

（3）对新上市商品需要进行市场需求调查，然后决定进货量。销售时，商店可适当采取广告宣传引导等，以刺激顾客消费。

**2. 勤进快销**

勤进快销是指零售企业进货时坚持小批量、多品种、短周期的原则，这是由零售企业的性质和经济效益决定的。因为零售企业规模有一定限制，周转资金也有限，且商品储存条件较差，为了扩大经营品种，就要压缩每种商品的进货量，尽量增加品种数，以勤进促快销，以快销促勤进。

勤进快销的原则还可以使零售企业的周转资金加快流转，加强资金的利用率，因此这一原则又是提高零售企业经济效益的有效手段之一。

**3. 以进促销**

以进促销是指零售企业采购商品时，广开进货门路，扩大进货渠道，购进新商品、新品种，以商品来促进、拉动顾客消费。

以进促销原则要求零售企业必须事先做好市场需求调查工作，在此基础上决定进货品种和数量。

一般来说，对那些处于新开发的，还只是处于试销阶段的商品，要减少进货数量，在证明该商品被顾客认可和接受以后，再批量进货。

**4. 储存保销**

储存保销是指零售企业要保持一定的商品库存量，以保证商品的及时供给，防止因脱销而影响正常经营。

储存保销要求零售企业随时调查商品经营和库存比例，通过销售量来决定相应的库存量，充分发挥库存保销的作用。

**5. 文明经商**

零售企业面对的是顾客，以向顾客销售商品来获取利润，因此必须坚持文明经商、诚信待客的原则。这一原则与商品采购相联系，便是进货时要保证质量，杜绝假冒伪劣商品。

许多零售企业进货时都坚持“五不进一退货”原则，以保证消费者和自身利益。“五不进一退货”具体为以下几点。

（1）不是名优商品不进。

（2）假冒伪劣商品不进。

（3）无厂名、无厂址、无保质期的“三无”商品不进。

（4）无生产许可证、无产品合格证、无产品检验证的“三无”商品不进。

（5）商品流向不对的不进。

（6）购进商品与样货不符合的坚决退货。

**6. 信守合同**

即采购商品时，要以经济合同的形式与供货商之间确定买卖关系，保证买卖双方的利益不受损害，并使零售企业的经营能够正常进行。

因此，在制定采购合同时，必须保证其有效性和合法性，使采购合同真正成为零售企业正常运转的保护伞。

### （三）商品采购分类

**1. 以采购方式分类**

采购分为直接采购、委托采购与调拨采购。直接采购是指直接向商品供应厂商从事采购的行为。调拨采购是指将过剩商品互相支持调拨使用的行为。委托采购是指通过中间商实施采购行为。

**2. 以采购性质分类**

采购分为公开采购与秘密采购，大量采购与零星采购，特殊采购与普通采购，正常性采购与投机性采购，计划性采购与市场性采购。

**3. 以采购时间分类**

采购可分为长期固定性采购与非固定性采购，计划性采购与紧急采购，预购与现购。长期固定性采购是指采购行为长期而固定的采购，而非固定性采购是指采购行为不是固定的，需要时就采购。计划性采购是指根据材料计划或采购计划进行采购的采购行为；而紧急采购是指商品急用且毫无计划性的采购行为。预购是指提前支付部分或全部货款，以保证自己能尽快得到所需商品；现购是指以现金购买商品的采购行为。

**4. 以采购订约方式分类**

采购可分为订约采购，口头或电话采购，书信或电报采购以及试探性订单采购。订约采购（Contract Purchasing）是买卖双方根据订约的方式而进行采购的行为。口头或电话采购（Oral or Telephone Purchasing）是指买卖双方以口头或电话的洽谈方式而进行采购的行为。书信或电报采购（Letter or Telegraph Purchasing）是指买卖双方借书信或电报的往返进行采购的行为。试探性订单采购（Trial Order Purchasing）是指买卖双方在进行采购事项时因某种缘故不敢大量下订单，先以试探方式下少量订单，此谓试探性订单采购，当试探性订单采购进行顺利时，再下大量订单。

**5. 以决定采购价格方式分类**

采购可分为招标采购、询价现购、比价采购、订价收购。

（1）招标采购（Purchasing by Invitation to Bid）。

招标采购是将商品采购之所有条件（商品名称、规格、数量、交货日期、付款条件、罚则、投标押金、投标厂商资格、开标日期等）详细列明，登报公告，投标厂商依照公告的条件，在规定时间内，交纳投标押金，参加投标。招标采购按规定必须至少三家以上厂商从事报价投标方可开标。开标后原则上报价最高的厂商得标，但当得标的报价仍低过底价时，采购人员有权宣布废标，或取得监办人员同意，议价办理。

（2）询价现购（Purchasing at Inquiry Price）。

询价现购是采购人员选取信用可靠的厂商将采购条件讲明，并询问价格，或寄以询价单并促请对方报价，比较后则现价采购。

（3）比价采购。

比价采购是指采购人员请数家厂商提供价格，比价后进行采购事项。

（4）订价收购。

订价收购是指购买的商品数量巨大，只有一两家厂商不能满足购买需求（如枕木、烟叶等），或当市面上该项商品匮乏时，则订价现款收购。

**6. 以采购地区分类**

采购可分为国内采购（简称内购）与国外采购（简称外购）。

所谓内购是指向国内厂商进行采购的行为。所谓外购是指向国外供货商或国外供货商在本国境内的代理商处进行采购的行为。一般来说内购更为方便与经济。

## 二、商品采购业务

### （一）商品采购业务渠道

商品采购业务渠道即零售企业通过何种环节与路线将商品采购回来。每个零售企业都有各自不同的特点，所以商品采购业务渠道也不一定完全相同。但是，一般情况下，选择商品采购业务渠道时要注意以下几点。

（1）环节精简：尽量压缩进货环节，加快采购速度。

（2）路线最短原则：在商品价格相近的情况下，就近采购。

（3）省时原则：尽量减少中转手续，节约时间。

（4）经济节约：从各方面节省采购成本。

商品采购业务渠道有许多种，下面介绍几种常见的渠道。

（1）商业系统批发企业：如烟草，要向烟草专卖系统采购。由于零售企业采购的商品较多，有时要向多个不同系统组织进货。

（2）生产企业：直接与生产企业联系进货，可以减少中间环节，降低流通费用，同时又可以扩大货源，增加商品的可选择性。

（3）批发交易市场：集中了大量商品，优点是选择性强，品种齐全；缺点是质量难以保证。

（4）商品配送中心：这是近些年才在我国兴起的一种商品配送体制，即配送中心从供货商手中接受各种大批量的商品，再根据各订货商家的要求，将中心的商品进行分装、分类、配货、运送。因此配送中心实际上也是一个物流活动的场所。零售企业可以直接向商品配送中心进货；但若是大规模连锁零售企业，建立自己的配送中心更加经济。

### （二）商品采购业务程序

商品采购是一个非常复杂的问题，涉及许多细节，处理不慎就会出现误差，从而延误进货，最终影响商品销售。

商品采购时，主要有以下步骤。

（1）制定需要采购的商品目录，将商品的各项要求详细列明。

（2）选择供货商，洽谈商品供销事宜。

（3）进行市场采价，与供货商的价格进行比较，作为商品采购价格的基础。

（4）查看样货，看样选购。

（5）与供货商议定商品供应价格。

（6）发出订购合同。

（7）审阅供货商的各种发票单据。

（8）收货、验货及存库，并记录存档，制作卡片。

（9）跟踪管理，根据商品销售情况，调整商品摆放位置、陈列面积等，促进商品销售。

### （三）商品采购业务方式

首先是集中统一进货：由零售企业经理或专门商品采购部门全权负责商品采购，各商品部只负责填报订货单和销售。集中统一进货具有许多优点。

（1）节省成本，由少数人员负责全店采购。

（2）统一使用资金，节约费用。

（3）防止进货渠道过于分散，可以获得大批量进货的折扣优势。

（4）有利于各商品部集中精力，做好商品销售的服务工作。

当然，集中统一进货也有不足之处，如进货与销售脱节、商品脱销、增加内部调拨手续、不利于商品内部流通等。因此必须加强商品采购的计划性。

集中统一进货方式适用于中小型零售企业，大型企业不宜采用。

其次是分散独立进货：这种方式是由各商品部直接负责商品的采购，零售企业只控制全局平衡，根据各商品部的销售状况来调节资金的分配和使用。分散独立进货方式优点如下。

（1）各商品部了解本部门销售动态，了解消费者的偏好，因而有利于及时组织经销对路的商品，节省了时间。

（2）有利于加速资金周转，提高经济效益。

（3）充分发挥各商品部及营业员的工作主动性和积极性。

当然，这种进货方式也有缺陷和不足，如下所列。

（1）采购业务比较分散，不利于统一管理。

（2）要使用较多的人力、运力和财力，增加了成本。

（3）增加了营业员的进货负担，不利于提高服务质量。

分散独立进货方式比较适合规模较大、就近采购的零售企业。

再次是集中与分散相结合进货：这种方式一般适合大型零售企业。其特点是就近采购时由各商品部分散进货，到外地采购时则由企业集中统一进货。使用此种综合方式，零售企业既可集中使用资金和组织采购人员，又可以充分发挥各商品部的积极性，如果在采购时加强计划性和衔接性，就可以起到上述两种进货方式所难以起到的作用。

最后是委托进货：这种方式主要适用于中小型零售企业。这类企业因为规模相对较小，所购商品种类较多而批量却较少，加上手续复杂，没有专人负责进货，就委托中间商代为采购，付给对方一定代理费即可。采用委托进货方式时，必须对采购商品质量、规格、品种进行严格检查，对不符合采购标准的坚决退货。

### （四）商品采购业务策略

对于零售企业来说，如果商品采购策略运用得当，不仅可以采购到优质货源，还可以保证企业盈利的稳定性。因此这里介绍各种商品采购策略。

**1. 买方市场下的采购策略**

即货源市场上供大于求，零售企业居于主导地位的情况。这时，零售企业可以凭借主动权随意挑选商品，将主要精力放在商品销售方面，坚持以需定进、勤进快销的采购原则，加快资金周转，节省采购成本，提高销售利润。

**2. 卖方市场下的采购策略**

即货源市场上供不应求，商品供应紧张，供货商居于主导地位的情况。这时，零售企业必须集中精力抓好商品采购，以保证货源供应的稳定性和充足性。其策略主要有三种。

（1）广开进货渠道，联系多家供应商。

（2）与生产企业联合，为其提供资金、设备等帮助。

（3）对生产商或供货商提供优惠，如由商店补助运输津贴、上门提货、提供广告支援等。

### 3. 不同生命周期商品的采购策略

商品从研制开发到畅销、疲软有一个生命周期，即试销期、成长期、成熟期和衰退期。商品处于不同生命周期时，所采取的进货策略也有所不同。

（1）试销期商品可以少量进货，待其市场看好再决定批量进货。

（2）成长期商品是畅销商品，应积极扩大进货数量，利用广告进行促销。

（3）成熟期商品在前期市场往往持续被看好，可组织大量进货；后期逐渐疲软，被新商品代替，应有计划地逐渐淘汰。

（4）衰退期的商品不应进货，或根据市场需求少量进货，并有计划地用其他商品替代，使顾客逐渐接受替代商品，从而淘汰衰退期商品。

## （五）商品采购业务中应该注意的问题

### 1. 注意商品价格

供货商如果以低于市面行情较多的价格进行售卖往往是有问题的。采购人员不可贪小便宜。采购以廉价为目标会有以下几种后果。

（1）扰乱零售店资金分配：因为资金的临时支出或额外支出，是一笔相当可观的金额，勉强凑足资金，以后在资金运行方面会受到较大的困扰。

（2）扰乱正常的采购计划：临时将资金抽调出来，用于购买廉价商品，其他商品的采购就会由于缺少资金而受到影响，扰乱正常的采购计划。

（3）扰乱库存管理：价格低的商品通常不易畅销，虽然能侥幸地卖出一部分，但难以售完。到了最后，唯一的办法就是将价格再次压低，不惜血本地大甩卖。

（4）打乱商品销售计划：由于经营者急于将这些商品早日售出，因此，注意力集中在此，对于正常商品的经营反而会疏忽。同时，极力地推销廉价商品，很可能丧失其他的销售机会。最严重的是，零售店的声誉也有可能受损。

我们举例加以分析。某商品正常进价 600 元，销售价格是 750 元。有一家供货单位以 300 元价格出售给某零售店，因此，该零售店的购货成本是 300 元，购买 100 件这样的商品需 30000 元资金。因为商品正常的售价是 750 元，所以，该商品以 600 元出售在该零售店的设想中应非常畅销。但经过 20 天，只卖出 20 件。这时，该零售店决心降价，以 400 元一件的价格售出。又经过 20 天，却只卖出 10 件。由于采购时即刻付款，资金是借的，而货又不畅销，该零售店店主心急如焚，在不得已的情况下脱货求现，以200元一件的价格出售，但经过一个月后，仍只卖出10件。这时该零售店大失所望，把剩余的60件在一个月内以单价100元的价格卖给了同行。

现在计算一下该零售店的盈亏：直接损失 $=30000-(600\times20+400\times10+200\times10+100\times60)=30000-24000=6000$（元）

由此可以看出，在采购过程中，如果贪图价格便宜，会使商店蒙受经济损失，所以切勿上廉价的当。

**2. 重视精美包装**

商品的包装就像是商品的衣服，漂亮的包装给人们以美好的感觉，蹩脚的包装会让人产生讨厌的印象。

因此，许多商人总是花重金请人设计精美的包装。

这里有一个原则，即商品质量必须保证。如果“金玉其外”而“败絮其中”，就成了欺骗行为。

人们在购买东西时，往往从商品的包装来判断东西的好坏。

同样品质、同样价格的东西，一个用塑料包着，一个用百货公司的包装纸包着，人们就会觉得后者的品质、价格都高于前者。商品中，尤以药品与化妆品的包装更为重要，因为顾客不可能一看到药品或化妆品的成品，就分辨出其品质的优劣，此时包装的好坏往往影响顾客的判断。尤其是女性的化妆品，如同样品质的护手霜，如果放在简单的容器里，必定不会比放在特别设计的容器中的受欢迎。因此，不可低估包装在促进商品销售中的作用。

### （六）商品采购业务中的谈判

商品采购不仅是零售店的一项主要业务，而且还是一门商业艺术，其中商品采购谈判尤为重要。成功的商品采购谈判往往会使顾客获得最大的实惠，同时也会使零售店与供货商喜获双赢。

商品采购谈判的核心是议价，即零售店采购员与供货商就商品价格及交易条件直接进行谈判。

从企业利益角度出发，供需双方的谈判心态是有所区别的：供货商希望能以平常的售价（报价单上的标准）供应商品，而零售店则要求以折扣价格获得高利润率的商品。

零售店的采购要想达到目的，的确需要采购员在谈判中不断总结经验，通常采购员需要着重做好以下几方面的工作。

**1. 谈判前充分准备**

对供应商的资质调查是必要的，供应商的一般情况不难了解，关键是要确定供应商是属于哪一个级别的批发商。很多商品的代理有全国性、区域性及地方性之分，在谈判前要设定两个以上可商议的目标，一个是理想目标即单赢，一个是合理目标即双赢。带好相关资料，如市场调查报告、竞争对手的海报、合同文本、笔、计算器、会谈记录等，还有各种有效证件。

**2. 谈判中突出重点**

（1）首先要讲礼貌，着装得体，遵守时间，提前5分钟到达谈判地点，要充满自信心。

（2）通过提问，从对方回答中获得有用的信息，引导供货商说出你所需要的东西。

（3）主动掌握谈判的过程。

（4）强调合作，谈判的最终结果有四种：单赢、单输、双赢、双输，而我们所倡导的是以信任、亲善为理念，追求的是双赢效果，强调的是双方合作。

（5）妥善处理异议，当供货商过分强调理由或提出较为苛刻的条件时，可以先保持短时间的沉默，然后询问其原因，并试着有理有据地提出反驳，明确表示对方的条件是不能接受的，并提出自己的想法，最后坦然告诉对方如果不能供货，将会失去一定的市场份额。这样一般会收到较为理想的效果。

**3. 谈判后要追踪效果**

商品采购谈判结束，并非是商品采购工作的终结。

一个合格的零售店商品采购员还要追踪商品采购的一些延伸工作，通常包括了解并掌握商品是否与样品质量、价格、品牌等相符，是否完全履行了合同约定的条款，商品进入卖场后售货员的反应如何，销路是否畅通，是否符合市场的需要，商品质量是否符合国家、行业及企业规定的标准，此外还要从六个方面对谈判后的效果进行追踪。

（1）商品是否满足顾客的需求，顾客的满意度如何。

（2）商品采购总量、商品结构、批量是否合适。

（3）商品质量是否稳定。

（4）商品货源是否来自所标注的源头。

（5）售后服务是否良好、可靠，对投诉是否能做出迅速反应，索赔是否简便易行。

（6）交货是否及时，供货量是否有弹性，交货时间是否合适，能否保证购货所需时间内的正常销售：过早送货会导致库存积压，过迟送货则会出现缺货。

### （七）商品采购业务的职责要求

零售企业对采购员的职业素质要求很高，需要对采购员进行培训，以提高其能力素质。

**1. 采购员的职责**

零售企业采购员的职责主要有以下方面。

（1）确保商品采购供应：随时了解各商品部的商品销售状况，为商品采购供应做准备。

（2）拟定商品采购计划：按期（一般以半个月或一个月为一个周期）制订商品采购计划，包括重点商品的选择、商品价格、数量、供应商的选择等。

（3）具体采购：包括议价、与供货商协商条件、商品引进及配送等。

（4）商品业务管理：包括检查各商品部销售情况，发现畅销和滞销商品，处理滞销商品，整理存货，进行盘点等。

（5）协助商品销售：制订商品促销计划，制定销售特价商品的计划，市场行销调查，了解消费者动态及竞争对手促销措施和经营策略，等等。

（6）服务人员的培训：协助培训服务人员，让服务人员了解商品性能、特点等，掌握一定的商品知识，促进商品销售。

**2. 采购员的素质要求**

对零售企业的采购员来讲，素质要求主要包括以下方面。

（1）丰富的商品知识。

（2）与其他部门进行良好沟通的能力。

（3）熟悉企业的经营状况和销售情况。

（4）具有较强的讨价还价的谈判能力。

(5) 具有吃苦耐劳的敬业精神。

(6) 身体素质良好，外表精明干练。

(7) 有较强的判断和决策能力。

### (八) 商品采购业务流程

一般采购流程包括：采购计划—采购洽谈—签订合同—交货（物流）—质检—进仓。

### (九) 商品采购业务内容

通常商品采购业务内容有下列几项。

(1) 寻找商品供应来源，并分析零售市场。

(2) 与供货商洽谈，并安排工厂参观、建立供货商的数据。

(3) 要求报价与进行议价。

(4) 获取所需的商品。

(5) 查证进厂商品的数量与质量。

(6) 收集采购业务顺利进行所需要的数据。

(7) 了解市场趋势，收集市场供给与需求价格等数据并加以成本分析。

(8) 呆料与废料之预防与处理。

### (十) 商品采购业务方法

#### 1. 公开采购

公开采购（Open Purchasing）是指采购行为公开化，是指招标人（政府采购中心或其委托的中介机构）在媒体上公开刊登通告，吸引所有有兴趣的供应人参加投标，并按本细则的程序选定中标人的一种采购方式。而公开采购又包含了以下采购形式：大量采购是指采购数量多的采购行为；零星采购是指采购数量零星化的采购行为；特殊采购（Special Purchasing）是指采购项目特殊，采购人员事先必须花费很多时间从事采购情报收集的采购行为，如采购特殊规格、特种用途的机器；普通采购（Ordinary Purchasing）是指采购项目普通的采购行为。

### 2. 正常性采购

正常性采购（Normal Purchasing）是指采购行为正常化而不带投机性，而投机性指的是物料价格低廉时大量买进以期涨价时转手图利的采购行为。

### 3. 计划性采购

计划性采购（Scheduled Purchasing）是指依据商品计划或采购计划的采购行为，和计划性采购对应的是市场性采购。市场性采购（Marketing Purchasing）是指依据市场的情况、价格的波动进行采购的采购行为，此种采购行为并非根据商品计划而进行的。

# 任务3　商流业务——商品营销

## 一、商品营销概述

营销以企业的利益为中心，为实现企业利润最大化服务；营销是消费者在购买商品时的一种经营活动，以消费者利益为中心，以实现消费者利益最大化为目标。企业的目标是经营利润最大化，消费者寻求的是消费利益最大化，两者对立且矛盾；只有通过营销与消费的相互协调与协作，企业经营利润最大化，建立在消费者消费利益最大化的前提下，将矛盾从对立走向统一；实现生产与消费的和谐发展，促进商品生产力的提高。

市场营销是一门充满活力、快速变化的现代商业学科。无论是商业从业者还是消费者，每天都在市场营销活动中扮演着相应的角色或者受到营销活动的影响。那么应该如何认识营销的实质呢?

市场营销是指在符合社会利益的前提下，通过市场交换和交易活动满足消费者现实需要或潜在需求、实现企业目标的综合性的商务活动过程。这一定义从营销目的、中心和手段三个方面概括了现代市场营销的核心思想：以消费者为中心。一切的营销活动都以消费者为出发点又以消费者为终结点；市场营销的目的就是满足消费者的现实和潜在需要；市场营销中心就是达成市场交易；市场营销手段就是综合性的商务活动即整体营销。因而营销行动包括环境分析和营销调研、拓展一个组织的范围、消费者分析、产品规划、分销规划、促销规划、价格规划以及营销管理。

市场营销管理是指为了实现企业目标，创造、建立和保持目标市场之间的互利交换和关系而对设计方案的分析、计划、执行和控制。市场营销管理的实质是需求管理。在目标市场上可能没有需求、需求很小或超量需求，市场营销管理就是要应对这些不同的需求情况。

## 二、商品的营销方式

营销方式是指营销过程中所有可以使用的方法。包括服务营销、网络营销、体验营销、个性化营销、甩手式营销、会员制营销、知识营销、情感营销、教育营销、差异营销、整合营销、联合营销等。

### 1. 服务营销

服务是用于出售或者是同产品连在一起出售的活动、利益或满足感。如美容企业就不仅是在为消费者提供美容产品，更在为消费者提供能够使消费者变得更“美”的一种服务营销。

### 2. 网络营销

网络营销（On-line Marketing 或 E-Marketing）就是以国际互联网络为基础，利用数字化的信息和网络媒体的交互性来辅助营销目标实现的一种新型的市场营销方式。简单地说，网络营销就是以互联网为主要手段进行的，为达到一定营销目的的营销活动。

### 3. 体验营销

买方市场的形成让消费者需求呈现出了一些新的特点。消费结构上，情感消费的比重提高了；内容上，个性化需求增加了；价值目标上，更加注重接受产品时的感受；从接受产品方式看，消费者主动参与产品设计制造，消费过程变为一种体验过程。

以关注顾客体验为核心的体验营销便成为新时期企业的必然选择。它以满足消费者的体验需求为工作重点，将“体验”纳入营销战略，为消费者带来新的价值，丰富顾客价值系统的内容，成为体验经济时代企业赢得竞争优势的重要战略。是21世纪营销战中有力的秘密武器，能迅速拉近与消费者的距离，提升品牌竞争力。

虽然随着消费者感性比重的增加，体验营销在市场中的作用越来越凸显，拉近了与终端消费者的距离，但从另一个角度来看，消费者体验的环节太多，也容易使企业和商家疲于应对。

### 4. 个性化营销

个性化营销的主要内容包括：用户定制自己感兴趣的信息内容、选择喜欢的网页设计形式、根据自己的需要设置信息的接收方式和接收时间等。据研究，为了获得某些个性化服务，在个人信息可以得到保护的情况下，用户才愿意提供有限的个人信息，信息有保护是开展个性化营销的前提。

### 5. 甩手式营销

甩手式营销：只说三句业务行话。第一句：这是我们的产品（介绍自己的产品）。第二句：我××价格可以交易（说出自己能承受的价格）。第三句：这是我们的联系方式（把自己的名片和联系方式留给对方）。甩手式营销最大的优点是快速、直接，可以在最短的时间内判断客户有没有诚意，对于有诚意而且懂行的客户这招最灵。

### 6. 会员制营销

会员制营销是电子商务网站较为有效的营销手段，国外许多网上零售型网站都实施了会员制营销，几乎已经覆盖了所有行业。国内的会员制营销还处在发展初期，不过已经看出电子商务企业对此表现出的浓厚兴趣和旺盛的发展势头。

### 7. 知识营销

在知识经济时代，企业管理的重点将从生产转向研究开发，从对有形资产的管理转向对知识的管理。与此同时，企业营销方式也必然会转向更高层次，即知识营销将成为企业获得市场的一种重要的营销方式。知识营销使客户在消费的同时学到新知识、增加营销活动的知识含量；挖掘产品文化内涵，注重与消费者形成共鸣的观念价值；形成与消费者结构层次上的营销关系；培训消费者有针对性的销售。

### 8. 情感营销

情感营销就是把消费者的个人情感差异和需求作为企业品牌营销战略的核心，通过情感包装、情感促销、情感广告、情感口碑、情感设计等策略来实现企业的经营目标。它注重和顾客、消费者之间的感情互动，如在美容院终端通过各种沙龙、联谊会等形式，增强和客户的沟通。在一些中型企业想迅速提高企业的形象的时候，情感营销是非常有必要的。

### 9. 教育营销

教育式营销模式就是把新的消费理念、新的生活方式等观念与思想通过会议营销、人际传播营销、知识营销、体验营销、文化营销、体育营销等营销形式来教育与引导消费者和潜在消费者，使消费者和潜在消费者接受新的消费理念与生活方式，改变原有的思维习惯、消费习俗、生活方式，使消费者的生活品位提升一个档次，使营销水平更上一个新的层次的营销理念和营销模式。企业要取得消费者的认同，接受产品与服务，“产品营销”是低层次的被动销售。而教育式营销模式则是快于市场一拍、引导市场消费的主动营销行为。

教育营销不断向受众传播产品知识、经营管理知识，增强了企业营销的冲击力和销售力，也提升了行业人员的素质。所以从出发点和受众心理上看，它具有得天独厚的优势。但如果真正想将该营销模式运用到位，需要花费较长时间，企业必须具有长久发展的规划和决心，以及实施企业良性循环长线发展战略的魄力，同时还必须保证这种教育名副其实，体现引导的科学性、权威性，不能浮于表面。“教育搭台，招商唱戏”，否则将得不偿失。

### 10. 差异营销

差异营销是企业决定同时经营大多数细分市场，并为每个细分市场设计不同的商品。例如，对牙膏市场进行调查分析，可能显示一些人买牙膏是因为它口感好（感觉细分）；一些人则关心牙膏对牙齿清洁和口气清新起到的效用对于他们的日常社交能否起到正向作用（社交的）；一些人会担心蛀牙或牙垢（担忧者）；而另一些人仅对他们的钱用得最有价值感兴趣（价值寻找者）。通过提供不同的商品的营销变化，公司希望在每个细分市场中获得较高的销售额和更为牢固的地位，并希望在几个细分市场中所得到的牢固地位，会增强顾客对生产该类商品的公司有全面的认识。另外，企业需要凭借自身的技术优势和管理优势，生产出在性能、质量上优于市场现有水平的产品，或是在销售方面通过有特色的宣传活动、灵活的推销手段。

真正的差异营销是在了解自己产品特性、流通渠道、功效技术、推广资源等信息的基础上，集中优势资源，避开主流方式，以独辟蹊径的方式制造产品概念或者销售通路，达到出奇制胜的效果。其成功运作后可迅速获得市场认知度、占有率，而且容易形成资源优势。但值得注意的是，容易被跟进者仿效从而沦为平庸，甚至成为培育市场的牺牲品。

### 11. 整合营销

很多人对整合营销的概念还很模糊，其实整合营销就是一种将多种营销形式集为一体的全面有力的营销模式。

整合营销是一种对各种营销工具和手段的系统化结合，根据环境进行即时性的动态修正，以使交换双方在交互中实现价值增值的营销理念与方法。整合营销就是为了建立、维护和传播品牌，以及加强客户关系，而对品牌进行计划、实施和监督的一系列营销工作。整合就是把各个独立的营销工作综合成一个整体，以产生协同效应。这些独立的营销工作包括广告、直接营销、销售促进、人员推销、包装、事件、赞助和客户服务等。

### 12. 联合营销

联合营销也叫合作营销，是指两个以上的企业或品牌拥有不同的关键资源，而彼此的市场有某种程度的区分，为了彼此的利益，进行战略联盟，交换或联合彼此的资源，合作开展营销活动，以创造竞争优势。联合营销的最大好处是可以使联合体内的各成员以较少费用获得较大的营销效果，有时还能达到单独营销无法达到的目的。

联合营销类型可分为以下几种。

（1）不同行业企业的联合营销。

（2）同一企业不同品牌的联合营销。

（3）制造商与经销商之间的联合营销。

（4）同一行业企业之间的联合营销。

### 13. 绿色营销

绿色营销是指企业在整个营销过程中充分体现环保意识和社会意识，向消费者提供科学的、无污染的、有利于节约资源使用和符合良好社会道德准则的商品和服务，并采用无污染或少污染的生产和销售方式，引导并满足消费者有利于环境保护及身心健康的需求。其主要目标是通过营销实现生态环境和社会环境的保护及改善，保护和节约自然资源，实行养护式经营，确保消费者使用产品的安全、卫生、方便，以提高人们的生活质量，优化人类的生存空间。

实施绿色营销战略，需要贯彻“5R”管理原则：研究（Research），重视研究企业对环境污染的对策；减少（Reduce），减少或消除有害废弃物的排放；循环

（Recycle），对废旧物进行回收处理和再利用；再开发（Rediscover），变普通产品为绿色产品；保护（Reserve），积极参与社区的环保活动，树立环保意识。

实施绿色营销是国际营销战略的大趋势，我国企业在这方面应该有一个清醒的认识，并积极付诸行动。企业要以绿色营销组合的观念和方式去组织生产和销售活动，采用ISO 4000系列标准组织生产，并及时了解目标市场的有关绿色信息、发展动向、新技术和新方法，不断调整企业活动加以适应。

### 14. 公益营销

企业做公益活动的目的性不是那么明显，主要是为了回馈消费者和承担社会责任。通过公益等实际行动，既表达企业的社会责任感，又引导受众群体对该企业产生良好的印象，但实际上也是做了一次变相的广告。

### 15. 病毒营销

在众多的营销接触点中，有一点至关重要，那就是来自消费者自己或家人朋友的消费体验。与广告宣传相比，这种消费体验更具有说服力。因此在销售活动中，企业可以争取“口碑领导者”或“意见领袖”的好感，他们可能是行内的专家，可能是媒体从业人员，也可能是明星或知名作家。然后利用他们的言论渠道或者诸如论坛、MSN、博客等一些简单的网络上传工具发布消费意见，这被证实为网络时代最有发展的营销利器。

### 16. 事件营销

事件营销是指借社会事件、新闻及热点话题之势，有计划地策划、组织、举行和利用具体新闻价值的营销活动。事件营销是国内外十分流行的一种公关传播与市场推广手段，集新闻效应、广告效应、公共关系、形象传播、客户关系于一体，并为新产品推介、品牌展示创造机会，建立品牌识别和品牌定位，是一种快速提升品牌知名度与美誉度的营销手段。与广告和其他传播活动相比，事件营销能够以最快的速度、在最短的时间内创造强大的影响力。

### 17. 饥饿营销

饥饿营销是指商品提供者有意调低产量，以期达到调控供求关系、制造供不应求“假象”、维持商品较高售价和利润率、维护品牌形象、提高产品附加值的目的。饥饿营销是把双刃剑，苹果公司的“可控泄漏”战略为其赢得了全球市场，而小米手机却因过分的“饥饿”让用户失去了耐心。

### 18. 上门营销

上门营销是最常见的人员推销形式。它是由推销人员携带产品的样品、说明书和订单等走访顾客，推销产品。这种推销形式，可以针对顾客的需要提供有效的服务，方便顾客，故为顾客所认可和接受。此种形式是一种积极主动的、名副其实的“正宗”推销形式。上门营销可以直接同顾客接触，顾客可以根据推销员的描绘对产品及公司形成一定的看法和印象。当然，这并不是意味着一个好的推销员就一定可以获得推销的成功，但是，他可以留给顾客一个很重要的第一印象。至少，当消费者要购买同类产品时，他最先想起来的可能是这个推销员，接下来是他所属的公司。

### 19. 直销

直销也可以称为厂家直接销售，指直销企业招募直销员，由直销员在固定营业场所之外直接向最终消费者推销产品的经销方式。直销是一种分销模式，它有明确的目标客户群体，没有中间销售环节或尽量减少了中间环节，可以度量销售效果，企业利用销售人员可以把产品直接销售出去。可以说，还没有哪一种营销模式能像直销那样，把员工的创业激情与产品消费结合的那么紧密。也没有哪一种营销模式能像直销一样，把传播效率做到极致。但是从市场现状来看，直销还没有形成气候，很多消费者容易将其和非法传销混淆，产生抵触情绪。随着国家《直销管理条例》的出台，在未来 10 年内，直销将有可能真正成为催生新财富的点金术。

### 20. 对立营销

对立营销是企业的产品在推向市场时，在每个竞争阶段，均需要找出对立者。对立者可以是品牌，可以是产品，也可以是企业或者个人，根据对立者的营销策略体系，建立对应的营销策略体系以跳出同质化竞争市场，或阶段性打击竞争对手。

企业经营的产品，目的是通过市场运营，获得商业价值。但很多企业或产品面临的首要问题是，市场上同质同类产品很多，而产品又不能完全创新；而在消费者消费心理层面，对于目标消费品，会进行对比行为，这就导致产品多维度同质化，进而品牌同质化，新生的产品或品牌，很容易被湮没在市场中。

对立营销策略，是由目标市场、对立者、对立策略三者组成，根据目标市场设定主要竞争对手为对立者，针对对立者建立企业或产品自身的营销策略体系。

### 21. 奖励营销

奖励营销是指在受众接受营销信息的同时可以获得奖励。企业在推广产品时，会对消费者的消费行为进行刺激，也就是奖励。比如：购物奖励，就是购物送赠品；推荐奖励，即以人荐人的方式进行产品推广及传播，以及将营销信息附加在赠品上的方式等。奖励营销有实物的奖励以及虚拟物品的奖励，上述所述即为实物奖励；而如近期某汽车品牌所做的手机流量奖励营销则是虚拟物品的奖励。

传统的营销广告主要是传达“商家要传播的信息”，而奖励营销则是通过奖励的方式，让消费者主动去获取信息，在传播上奖励营销更具优势。

## 复习思考题

1. 商流的职能是什么？
2. 商品营销采购的原则是什么？
3. 商品营销中网络营销有哪些内容？

# 项目五　物流与信息流

## 思维导图

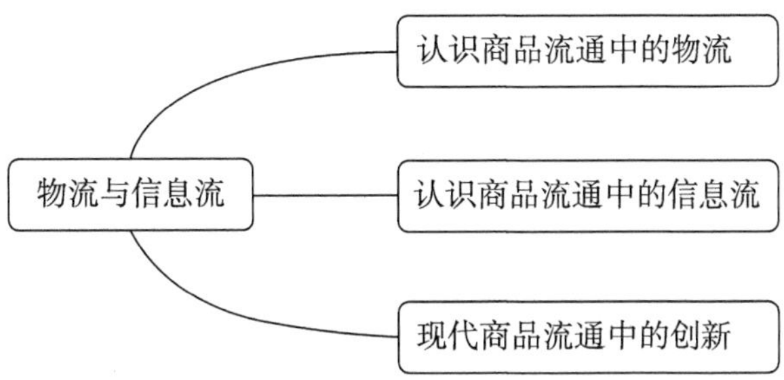


## 学习目标

1. 了解新时代背景下商品流通中的不同物流模式；
2. 了解信息流的概念、内容；
3. 了解物联网技术在商品流通中的物流、信息流的应用；
4. 能够对商品流通中的物流模式进行分析；
5. 掌握信息流的运行过程及其应用；
6. 能够结合案例分析互联网对物流、信息流的改变。

## 任务 1　认识商品流通中的物流

### 一、了解“互联网 + 物流”

#### （一）什么是“互联网 +”

“互联网 +”就是“互联网 + 各个传统行业”，但并不是二者的简单相加，而是以互联网平台为基础，利用信息通信技术（包括云计算、物联网、大数据技术等）与传统行业进行跨界融合，推动产业升级转型，并不断创造出新模式，构建连接一切的新生态。“互联网+”代表一种新的经济形态，即充分发挥互联网对社会生产资源的优化配置作用，将互联网的创新成果融于社会经济，从而提高实体经济发展潜力，形成一种以互联网为基础的社会经济新形态。“互联网+”具有如下特征。

**1. 跨界融合**

“+”代表的就是跨越边界、改革及开放。“互联网+”就是通过跨越行业界限的整合及重构，形成新的发展模式。

**2. 创新驱动**

“互联网+”对资源是一种创新驱动模式，不仅仅是对资源的创新整合，更是一种对资源的创新利用。

**3. 重构体系**

大数据时代的到来，改变了原有的社会体系、经济体系以及文化体系等，“互联网+”的出现能够将以上体系进行重构。

**4. 开放生态**

推进“互联网+”的一个重要目的是要把创新瓶颈化解掉，把孤立式的创新活动连接起来，促使研发由需求者来决定，让创业者有机会实现价值。

**5. 价值创造**

“互联网+”的目标就是价值创造，“互联网+其他行业”，其目的就是创造出比原有行业更多的价值。

### （二）什么是物流

物流是指为了满足客户的需求，通过运输、保管、配送等方式，实现原材料、半成品、成品或相关信息由商品的产地到商品的消费地、实施和管理的全过程。物流是一个控制原材料、制成品、产成品和信息的系统，从供应开始经各种中间环节而到达最终消费者手中的实物运动。现代物流是经济全球化的产物，也是推动经济全球化的重要服务业。世界现代物流业呈稳步增长态势，欧洲、美国、日本成为当前全球范围内的重要物流基地。

物流七大构成部分：运输、库存控制、包装、搬运装卸、流通加工、配送以及信息管理等环节。

**1. 运输**

使用设施和工具将物品从一个点运向另一个点的物流活动。

**2. 库存控制**

对库存数量和结构进行控制分类和管理的物流作业活动。

**3. 包装**

包装是为在流通过程中保护产品、方便储运、促进销售，按一定技术方法而采用的容器、材料及辅助物等的总体名称。也指为了达到上述目的而采用容器、材料和辅助物的过程中施加一定技术方法等的操作活动。

**4. 搬运装卸**

搬运是在同一场所内，对物品进行水平移动为主的物流作业。搬运是为产品的货物运输和保管的需要而进行的作业。

**5. 流通加工**

流通加工（Distribution Processing）是物品在从生产地到使用地的过程中，根据需要施加包装、分割、计量、分拣、刷标志、拴标签、组装等简单作业的总称。

**6. 配送**

配送是物流活动中一种非单一的业务形式，它与商流、物流、资金流紧密结合，并且主要包括了商流活动、物流活动和资金流活动，可以说它是包括了物流活动中大多数必要因素的一种业务形式。从物流来讲，配送几乎包括了所有的物流功能要素，是物流的一个缩影或在某小范围中物流全部活动的体现。一般的配送集装卸、包装、保管、运输于一身。

**7. 信息管理**

对于物流有关的计划、预测、动态信息及生产、市场、成本等方面的信息进行收集和处理，使物流活动能有效、顺利进行。

《中华人民共和国国家标准物流术语》指出，物流是物品从供应地向接收地的实体流动过程。根据实际需要，将运输、储存、装卸、搬运、包装、流通加工、配送、信息处理等基本功能实施有机的结合。

物流中的“物”是物质资料世界中同时具备物质实体特点和可以进行物理性位移的那一部分物质资料，“流”是物理性运动，这种运动有其限定的含义，就是以地球为参照系，相对于地球而发生的物理性运动，称为“位移”，流的范围可以是地理性的大范围，也可以是在同一地域、同一环境中的微观运动，即小范围位移，“物”和“流”的组合，是一种建立在自然运动基础上的高级的运动形式，其互相联系是在经济目的和实物之间，甚至在某种社会目的和实物之间，寻找运动的规律。因此，物流不仅是上述限定条件下的“物”和“流”的组合，而更重要在于，是限定于经济、社会条件下的组合，是从经济、社会角度来观察物的运输，达到某种经济、社会的要求。

### （三）现代物流

在当今的电子商务时代，全球物流产业有了新的发展趋势。现代物流服务的核心目标是在物流全过程中以最小的综合成本来满足顾客的需求。

现在电商的快速崛起和行业的需求，对于仓储物流配送这一重要环节的需求和要求也在不断提高，第三方公司在市场行业中也扮演着越来越重要的角色，甚至能够协助商家在终端和渠道端提供广泛的服务。这类企业的服务不仅仅是简单的发货，更重要的是需要站在商家的角度去做好仓储库存物流配送的环节，使电商整体流程形成良性发展。

现代物流具有以下四个特点。

（1）电子商务与物流的紧密结合；

（2）现代物流是物流、信息流和资金流的统一；

（3）电子商务物流是信息化、自动化、网络化、智能化的结合；

（4）物流设施、商品包装的标准化，物流的社会化、共同化都是电子商务环境下物流模式的新特点。

现代物流信息技术的五大技术组成。

（1）条码技术；

（2）EDI（Electronic Data Interchange，电子数据交换）技术；

（3）RFID（Radio Frequency Identification，射频识别）技术；

（4）GIS（Geographic Information System，地理信息系统）技术；

（5）GPS（Global Positioning System，全球定位系统）技术。

电子商务的不断发展使物流业重新崛起，美国的物流业所提供的服务内容已远远超过了仓储、分拨和运送等服务。物流公司提供的仓储、分拨设施、维修服务、电子跟踪和其他具有附加值的服务日益增加。物流服务商日渐成为客户服务中心、加工和维修中心、信息处理中心和金融中心，根据顾客需要而增加新的服务是一个不断发展的观念。

相对于发达国家的物流产业而言，中国的物流产业尚处于起步发展阶段，其发展的主要特点。一是企业物流仍然是全社会物流活动的重点，专业化物流服务需求已初露端倪，这说明中国物流活动的发展水平还比较低，加强企业内部物流管理仍然是全社会物流活动的重点。二是专业化物流企业开始涌现，多样化物流服务有一定程度的发展，这说明走出以企业自我服务为主的物流活动模式，发展第三方物流，已是中国物流业发展当务之急。三是专业的物流起步较晚，中国物流商城还处于发展阶段。2011 年 6 月 8 日时任国务院总理温家宝主持召开国务院常务会议，研究部署进一步促进物流业健康发展的工作，会议结果一致认为必须制定和完善配套政策措施，促进物流业健康发展，并在会上提出八项措施来促进物流业健康发展，同时交通运输部发布《关于开展收费公路专项清理工作的通知》，进一步促进中国物流的发展。

### （四）什么是“互联网 + 物流”

“互联网 + 物流”主要以满足客户需求为目的，参与物流服务的双方（需求方和供给方）由以往的竞争关系转化为合作关系。现代物流可为企业提供多种物流服务功能，如整合运输、仓储、配送、加工、物流咨询等多种服务，同时还能辅助提供信息、融资、保险、供给等。物流供应链上其他要素不断扩大，极大丰富了物流服务功能及内容。互联网 + 物流模式，实现了信息管理，随着物联网相关技术的发展如 RFID、云计算、物联网、LBS（Location Based Services，基于位置的服务）、电子数据交换等信息技术的运用，使得在物流管理手段方面有了很大的提升，极大地提升了互联网 + 物流的效率。

## 二、了解共享物流

### （一）共享经济

共享经济也称为协同消费、协同经济或分享经济，指的是对等交换的混合市场模型。其利用信息技术向个人提供信息，通过商品和服务过剩能力的共享来实现资源的优化。其中英国牛津词典对共享经济的定义为：在一个经济体系中，通过免费或收费的方式，将资产或服务在个人间进行共享。目前，随着我国经济的转型升级，共享经济成为未来经济发展的新模式，《中国分享经济发展报告 2016》显示，2015 年中国共享经济市场规模约为 1.956 万亿元，该报告指出共享经济是利用现代互联网等现代信息技术的整合、分享海量的分散化闲置资源，满足多样化需求的经济活动总和。共享经济作为目前一种全新的经济形式，以资源整合为核心，以信息技术为手段，以提高资源利用率为目标，以闲置资源使用权的暂时性转移为本质，建立闲置供应与潜在需求之间的重构与链接，实现“供给侧”和“需求侧”两端的变革，有效减少供给和需求之间信息不对称问题，形成循环共用的产业生态环。

相比传统经济，供给方、需求方、共享平台和过剩资源是构成共享经济不可或缺的四要素。供给方是闲置资源的提供者，需求方是资源需求者，过剩资源是双方建立共享的必要条件，共享平台是实现共享服务的场所与搭建共享经济的桥梁。在实现共享经济的过程中，共享平台借助网络进行闲置资源的整合，建立供需双方之间的匹配和对接，通过互联网信息技术的支撑为交易建立互信的环境，提供安全的策略保障，以达到社会资源的可持续发展。

共享经济盘活了社会闲置资源，强调闲置商品的临时使用权。目前随着共享经济模式的发展，社会中各个行业都在大力发展“共享经济”，从共享充电宝、共享雨伞到共享单车、共享汽车……以“共享”为名的商品正在改变着人们的生活方式。但是这种冠以“共享”的商品本质上都属于租赁经济，企业作为资产的拥有者通过有偿的方式分时租赁给用户，在这一过程交易的是企业自购的出租品而非闲置资源。共享经济的本质是 C2C，个体利用共享经济的模式，针对自己暂时闲置的资源利用平台进行有偿分享，在这个过程中平台只是承担双方沟通的桥梁。

### （二）共享物流

#### 1. 共享物流的概念

共享物流是共享经济下的物流模式创新。由于物流本身具有波动性的特点，企业为了保证物流资源足以维持企业正常运转，需要采取有效的措施来减少物流的波动。共享物流的出现就是为了解决由于季节性、节假日、环境等因素导致的物流波动，促进物流体系之间的联通，避免资源浪费。结合国内外学者的研究以及类比共享经济的概念将共享物流定义为：利用互联网信息技术，将社会中暂时闲置的分散化物流资源进行整合分享，从而实现物流资源多样性需求的方式。也就是说，共享物流就是在物流体系中，物流资源拥有者通过有偿的方式，将暂时闲置的物流资源或服务利用互联网整合的方式与他人共享资产使用权，实现加速物流资源的运转，提高资源利用率，降低物流成本的一种物流模式。共享物流资源整合如图 5 – 1 所示。

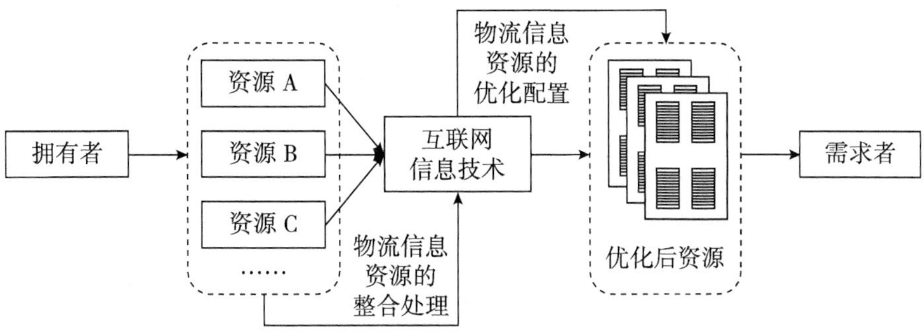


**图 5 – 1　共享物流资源整合**

### 2. 共享物流的特点

共享物流的特点如下。

（1）强调闲置资源的使用权。

在传统物流中人们重视物流资源的拥有权，然而共享物流通过租赁、交换、循环使用等方式将个体所拥有的闲置资源进行社会化利用，倡导物流资源的使用权，用使用权代替拥有权。物流资源需求者利用共享物流平台暂时性从供给方获得物流资源的使用权，充分利用闲置资源，减少了大量的重复投资，创造了有价值的物流服务形态。

（2）充分利用互联网技术，搭建信息平台。

共享物流的发展必须要依托信息平台的支撑，通过互联网信息平台将零散的物流资源进行整合，建立物资拥有者与需求者之间的联系。通过线上线下的融合，有效改变传统物流运营效率低的现象，提升整个物流行业信息透明度。

（3）弱化供应者与消费者角色概念。

共享物流打破了传统物流行业供应者与消费者之间的界限，在共享物流模式下物流产品与服务的供应者与消费者的角色之间没有明确的界限，整个物流环节以产消者（产消者是指同时作为生产者和消费者参与生产活动）的角色进行，每个个体既是物流消费者也是供应者。

（4）呈现出去中介化，P2P 的商业运营模式。

共享物流模式下的运营，以信息平台为介质，打破传统物流的中间环节，消除物流过程中的中介和渠道环节，供需双方利用线上线下的融合，直接进行沟通交流。相比传统中介模式，这种去中介化、P2P 的商业模式更加符合共享经济的精髓，将以往供应链中的节点连接成网状的结构，任意两点之间都可以进行连接，产生分享行为。同时 P 的范畴除了个人，也可以是企业、社会团体等，更能体现出共享经济与互联网给物流行业所带来的颠覆性创新。

根据共享物流特点可知，共享物流可以带来巨大的经济效益。通过建立交易平台，将供给方闲置或盈余的资产最大化利用，在共享物流中采用 P2P 的商业运营模式，促进社会资源的可持续发展，形成“大众创业，万众创新”的社会形态，创造一种开放、多元共赢的物流生态圈。但是共享物流作为一种新生事物，在发展过程中也存在着一些挑战：一方面，由于政策、法规的滞后性，在运营过程中将面临参与者之间信任与社会保障的挑战；另一方面，由于物流业的特殊性，缺乏统一的建设标准，在运营过程中必然会遇到发展的阻碍。

### （三）共享物流的分类

由于物流行业的复杂性决定了共享物流类型的多样性，学者们在对共享物流的研究过程中也从不同的角度对共享物流进行了分类。刘艳霞首先根据共享的对象将共享物流划分为个人物流资源、企业物流资源和社会公共物流资源，从资源类型角度又分为货运资源、产品技术资源、基础设施资源和配送资源。徐冠巨将共享物流分为共享配送资源、共享仓储资源、共享物流信息资源、共享物流技术和装备资源。王继祥在研究中国物流创新模式的发展趋势中认为共享物流分为共享物流信息、共享物流技术与设备、共享物流仓储设施、共享终端配送和共享物流人力资源。书中将共享物流分为三类：物流设备资源共享、物流信息资源共享和跨界共享。

#### 1. 物流设备资源共享

物流设备资源共享是指物流作业过程中，供应链上下游的物流设备呈现出循环共用的模式。在这个过程中的资源主要是指运输资源、仓储资源、人力资源以及单元化物流包装器具（包括托盘、集装箱、周转箱等）实体资产。其中典型代表是2016年商务部流通司推出的标准托盘循环共用，将供应链上下游物流系统连接起来，通过托盘共用实现货运的交接，避免二次装卸带来资源浪费。通过商务部流通司对托盘共用的推广，在社会范围内推动了资源共享的实现，有效降低了货物损耗，推动了物流效率的提升。

**2. 物流信息资源共享**

物流信息资源共享的基本条件就是实现信息互通和协调配置。利用网络平台让原本独立的物流信息系统进行连接，实现信息的整合，提高物流企业整体运作效率。例如，由交通运输部和国家发改委牵头推进的国家交通运输物流公共信息平台工程是为了解决长期以来我国物流业发展过程中存在的资源共享难、互联互通难和政企间、部门间、行业间、区域间以及国际存在的“信息孤岛”现象。通过建设一个国家级的物流信息平台，在同一物流信息标准的基础上，推进各类政府公共服务信息与物流信息的有效对接，整合相关物流信息资源，形成以开放、共享为特征的物流运行新模式。

**3. 跨界共享**

物流是支撑其他产业发展的支柱性产业，“互联网＋物流”利用信息化手段打破物流边界，实现了跨界共享。目前物流业在电商、供应链金融、地产等行业都有触及，打造“物流＋”的模式。以“物流＋供应链金融”为例，目前多数的物流企业与相关的金融机构建立合作关系，彼此之间共享社会资源，促进数据流、资金流、信息流的相互融合，获取社会商品市场的数据信息，分析信贷需求，进行信用审核，预测物流业发展，实现物流产业链一体化。利用跨界共享的方式在促进物流业发展的同时，给金融行业也带来了巨大的利润，实现了双赢的战略目标。

## 三、了解物流＋电子商务

### （一）电子商务

目前，人们对电子商务的理解各执一词，最通俗的说法就是指在线上进行商务交易。随着人们对商务和信息技术认识的不断深化，伴随着电子商务的飞速发展，电子商务的内涵和外延都在不断扩展，对于电子商务的理解也发生了变化。许多国际组织和企业乃至个人从不同角度对电子商务活动进行高度概括。在法国巴黎举行世界电子商务会议中，全世界商业、信息技术、法律等领域的专家和政府部门的代表，共同探讨了电子商务的概念问题，对电子商务的概念进行了权威的阐述："电子商务是指实现整个贸易过程中各阶段的贸易活动的电子化。"从外延方面可以将电子商务定义为交易各方以电子交易方式而不是通过当面交换或直接面谈的方式进行的任何形式的商业交易。它的商务活动包括信息交换、售前及售后服务、销售、电子支付、运输、组建虚拟企业和公司及贸易伙伴可以共同拥有和运营、共享商业方法等。

IBM公司将电子商务定义为：将系统和主要商业运作的过程结合起来，通过因特网技术使之变得简单易行的、能够传送不同商业价值的、安全、灵活和完整的商业途径。提出了电子商务是指它借助及其相关技术进行商务或业务活动，它所强调的是在计算机网络环境下的商业化应用，是把买方、卖方、厂商及其合作伙伴在企业内部网和企业外部网结合起来的应用。

电子商务的各种定义从不同的角度对电子商务进行了解释。但有两点是不可缺少的：一是网络化和数字化；二是活动要有商业背景。综合来看，可以这样认为：电子商务是以现代信息化技术为手段，集信息流、资金流、物流为一体，高效便捷地实现网上商务活动的全过程，包括了解商情、商务撮合、收发订单、物流配送、保险、支付等一系列的商业活动。

### （二）电子商务和物流的关系

商业交易过程是复杂的，包括信息收集、询价、报发送订单、应答订单、发货、接货、支付汇兑等，涉及资金流、物流、信息流。当上述过程都借助于电子工具完成时，可称为一次完善的电子商务过程。电子商务与物流的关系是一种互为条件、互为动力的关系。

物流是实施电子商务的根本保证。

（1）物流是电子商务的基本构成部分。

电子商务的本质是商务，商务的核心内容是商品的交易，而商品交易会涉及多个方面：商品所有权的转移，货币的支付，有关信息的获取及应用，商品本身的转交。物流作为四流[①]中最为特殊的一种，是指物质实体的流动过程，具体指储存、运输、配送、保管、装卸、物流信息管理等各种活动。

（2）物流是实现电子商务的保证。

物流作为电子商务的重要组成部分，是实现电子商务的重要保证。电子商务通过快捷、高效的信息处理手段，可以比较容易地解决信息流（信息交换）、商流（所有权转移）和资金流（支付）的问题。将商品及时地配送到用户手中，即完成商品的空间转移（物流），标志着电子商务过程的结束。因此，物流系统效率的高低是电子商务成功与否的关键。

（3）物流保证生产的顺利进行。

不管是传统的贸易方式，还是电子商务，生产都是商品的流通之本，而生产的顺利进行需要各类物流活动的支持。生产的全过程从原材料的采购开始，便要求有相应的物流活动，将所采购的材料到位，否则，生产难以进行；在生产的各工艺流程之间，也需要原材料、半成品的物流过程，即所谓的生产物流，以实现生产的流动性；部分余料、可重复利用的物资的回收，就需要所谓的回收物流；废弃物的处理则需要废弃物物流。可见，整个生产过程实际上就是系列化的物流活动。

合理化、现代化的物流，通过降低费用来降低成本、优化库存结构、减少资金占压、缩短生产周期，保障了现代化生产的高效运行。相反，缺少了现代化的物流，生产将难以顺利进行，无论电子商务是多么便捷的贸易形式，都将是无米之炊。

（4）物流服务于商流。

在商流活动中，商品所有权在购销合同签订的那一刻起，便由供方转移到需方，而商品实体并没有因此而移动。在传统的交易过程中，除了非实物交割的期货交易，一般的商流都必须伴随相应的物流活动，即按照需方（购方）的需求将商品实体由供方（卖方）以适当的方式、途径向需方（购方）转移。在电子商务方式下，消费者通过网上购物，很快就可以完成商品所有权的交割过程，即商流过程。但电子商务的活动并未结束，只有将商品和服务真正转移到消费者手中，商务活动才告以终结。在整个电子商务的交易过程中，物流实际上是以商流的后续者和服务者的姿态出现的。没有现代化的物流，再轻松的商流活动都会退化为一纸空文。

---

① 即物流、信息流、商流、资金流。

（5）物流是实现以“顾客为中心”理念的根本保证。

电子商务的出现，在很大程度上方便了最终消费者。他们不必再跑到拥挤的商业街，挨家挑选自己所需要的商品，而只要坐在家里，在线上搜索、查看、挑选，就可以完成他们的购物过程。试想，他们所购的商品迟迟不能送到，或者商家配送商品并非自己所购，那消费者还会选择网上购物吗？物流是电子商务中实现“以顾客为中心”理念的最终保证。缺少了现代化的物流，电子商务给消费者带来的购物便捷会大打折扣，消费者必然会转向他们认为更为安全的传统购物方式。

## （三）电子商务下的物流

电子商务时代的来临，给全球物流带来了新的发展，使物流具备了一系列新的特点。

### 1. 物流信息化

在电子商务物流的实际运作过程中，条码技术、数据库技术、电子订货系统、电子数据交换、快速反应、有效的客户反映、企业资源计划、供应链管理等技术得到了普遍应用，所有电子商务物流的一个首要特点就是信息化。物流信息化的外在表现为物流信息收集的代码化和数据化、物流信息的商品化、物流信息处理的计算机化和电子化、物流信息传递的标准化和实时化以及物流信息存储的数字化等。

### 2. 物流自动化

电子商务物流的第二个特点是自动化，物流自动化的基础是物流信息化，其核心是机电一体化，外在表现是无人化，自动化的效果就是省力化。另外，物流自动化还可以扩大物流作业能力，提高劳动生产率，减少物流作业的差错等。

### 3. 物流网络化

电子商务物流网络化有两层含义。一是电子商务物流配送系统的计算机通信网络，包括物流配送中心与供应商或制造商的联系要通过计算机网络通信，另外与下游的客户之间的联系也要通过计算机网络通信，如物流配送中心向供应商提出订单这个过程，就可以使用计算机网络通信方式，借助于增值网上的电子订货系统和电子数据交换来自动实现，物流配送中心通过计算机网络收集下游客户的订货的过程也可以自动完成。二是电子商务物流组织的网络化，即通过企业局域网、外联网及互联网实现全球运筹式的产销模式，安排全球客户的订单，组织分散式的生产，调动全球的网络资源为企业所利用，然后通过全球物流网络将产品发送出去。

**4. 物流智能化**

这是物流信息化、自动化的高层次应用，物流作业过程中大量的运筹和决策，如运输搬运路径的选择、库存水平的确定、物流配送中心经营管理的决策支持、自动分拣机的运行等问题都需要借助大量的信息才能解决。在物流自动化的进程中，物流智能化是不可回避的技术难题。

**5. 物流柔性化**

柔性化是为实现以“顾客为中心”理念而在生产领域提出的，是根据消费者需要的变化来灵活调节生产工艺，根据需求组织生产、安排物流活动。在电子商务活动中，企业往往需要根据客户需求的变化来灵活调节生产工艺，没有配套的柔性化的电子商务物流系统是不可能达到目的的。

**6. 物流集成化**

电子商务物流系统在物流基础设施、商品包装标准化、信息基础设施、物流运作模式向社会化、共同化的方向发展，在数据与功能、技术与设备、人员和组织等各个层次上，都在向集成化的方向发展。

**7. 物流虚拟化**

随着全球定位系统的应用，社会大物流系统的动态调度、动态储存和动态运输将逐渐代替企业的静态固定仓库。物流系统的优化目的是减少库存直到零库存，这种动态仓储运输体系借助于全球卫星定位系统，充分体现了未来宏观物流系统的发展趋势。随着虚拟企业、虚拟制造技术的不断深入，虚拟物流系统已经成为企业内部虚拟制造系统一个重要的组成部分。

# 任务2　认识商品流通中的信息流

## 一、了解信息流

### （一）信息流的定义

关于信息流的定义，郑本伟在其主编的《汉英双解现代机械制造技术词典》中解释道，“数据采集、处理以及报告文件有组织分布的图形表示，称为信息流”。王同亿在其主编的《语言大典》（下册）中也给出了类似的“信息流”定义，他认为“信息流，在整个系统内的数据收集、数据处理和分配报告的图形表示”。还有学者认为“信息流”有广义和狭义之分，广义的“信息流”指信息自信源（信息发送者）经过信道（信息传递渠道）流向信宿（信息接收者），强调不同主体之间的信息交流；狭义的“信息流”则指信息处理过程中信息在计算机系统和通信网络中的流动。

### （二）信息流的构成要素

信息流的构成要素包括信源、信道和信宿，信息流的产生与流通离不开这三个要素。其中，信源是信息发送者，信宿是信息接收者，信源与信宿没有绝对的区分，对于同一个主体而言，可能同时扮演信源和信宿的角色。信源和信宿分别是信息流的上游、下游，它们可能是供应链上下游的企业、企业中不同的部门、企业与消费者、政府与公民等。信道是信息流通渠道，是连接信源与信宿的桥梁，信道在传递信息的同时，还拥有信息格式转化、信息加密等功能，影响着信息流的质量和速度。现代信息技术、通信技术是信道构建的基础，也是信息流效率的保障。当然，要想信息高效、有序地流动，还需要企业自身管理、政府支持等要素的共同作用。

### （三）信息流分类

#### 1. 按信息流动路径分类

按信息流动路径不同，信息流分为纵向信息流和横向信息流。

（1）纵向信息流。

纵向信息流是指自上而下、自下而上的信息流，纵向信息流中的信息发送者与信息接收者有着明显的上下级关系，如同一公司上下级之间的信息交流。在电子商务中，供应商通过电商交易平台向消费者传递信息就属于纵向信息流。在企业内部，自下而上的纵向信息流多用于管理者决策，自上而下的纵向信息流则伴随着管理执行的过程。

（2）横向信息流。

横向信息流是指同等级组织或个人之间的信息流，横向信息流的信息发送者与信息接收者是平级的关系，如同一公司同部门同级职员的交流。

在电子商务中，同类型主体间的交流，如供应商之间的交流、消费者之间的交流就属于横向信息流。企业内部的横向信息流往往意味着管理合作，同级的不同部门之间进行信息交换、共享，以实现共同的目标。

**2. 按信息流动范围分类**

按信息流动范围的差异，信息流分为内部信息流和外部信息流。

（1）内部信息流。

内部信息流是指组织内部的信息交流，内部信息流动的范围仅限单一组织的内部，如某一企业、某个政府机构等。内部信息流通常是组织内成员在同一目标的驱动下，协同互助、资源互补的过程，如商品信息在零售企业采购、销售、库存部门之间的流动就是内部信息流。

（2）外部信息流。

外部信息流是指组织外部的信息流，外部信息流的范围是不同组织之间，如两个企业之间、两个政府机构之间。外部信息流通常是受不同组织间的竞争、合作关系引起的，如不同商品零售企业之间的信息交流、商品生产企业与零售企业之间信息交流就属于外部信息流。

**3. 按信息流动的针对性分类**

按信息流动的针对性不同，信息流分为单向信息流和多向信息流。

（1）单向信息流。

单向信息流是指信息发送者经信道将信息传递给单个信息接收者。单向信息流的针对性较强，是针对信息接收者的特定需求定向提供信息的一种方式，如信息服务机构根据某信息需求者的要求提供的“信息咨询服务”、某企业为了将产品销售给另一个企业而进行的有针对性的宣传等。在电子商务活动中，消费者向商家的咨询就是单向信息流。

（2）多向信息流。

多向信息流是指信息发送者经信道将信息传递给多个信息接收者。多向信息流的针对性相对较弱，一般是根据几个信息接收者信息需求的共性提供信息的一种方式，如图书馆向广大读者提供的“借阅服务”、企业广告的投放等。电子商务活动中也有很多多向信息流，如商家信用信息、商品描述信息、商品评价信息等均是流向所有消费者的多向信息流。

## 二、信息流运动过程

### （一）信息收集

信息收集是信息流运行的起点，它是分散的信息向收集者集中的过程。信息的收集者成为信息的信宿，按照自己的目的和需要来集中有关信息。收集信息的质量，即信息的真实性、可靠性、准确性、及时性，决定着能否达到预定的目的和能否满足消费者的需要。因此，收集信息必须遵循一定的原则进行。

**1. 具有明确的目的性**

收集信息的目的决定着收集的范围、深度、方法和费用。流通活动中的信息量非常大，但并非所有的信息都对自己有用，只有与自己目的相关联的信息才是收集的对象。目的不明确将会导致无边际的收集，降低收集质量，造成不必要的浪费。收集目的是按照企业经营的需要而确定的，如果是战略性的目的，所涉及的范围就比较大。如果是某一方面很具体的目的，如竞争商品、竞争对手、物流线路等，所涉及的范围就要小得多。

**2. 确定深度和精度**

这是按照收集目的的要求来确定的。不同的目的对深度和精度的要求也不相同。比如，销售信息的收集，是销售数量信息的收集，还是包括购买者结构信息，是以日为单位收集，还是以周或月为单位收集。显然，深度和精度决定着收集的难易程度和费用多少，是收集者必须考虑的问题。

**3. 选择信息源，建立信息渠道**

信息源的选择取决于收集目的及信息内容。一般来讲，选择信息源先要利用现有信息和现有信息渠道，当现有信息不够用时，就要寻找新的信息源。流通活动往往是连续进行的，其中有些内容是不断重复的。因此，确定具有连续性、相对稳定的信息源和信息渠道具有重要意义。

在商品流通中，商品流通主体离开了商品流通信息的收集几乎无法保证商品流通运行的正确决策。商品流通信息的收集应遵循真实、可靠、系统、连续的原则。商品流通信息收集的途径和方法很多，包括实地调查、网上收集、电话收集、通信联系、工作联系、同行交流、会议获取、报刊征订等。

### （二）信息处理

收集来的信息往往是零乱的，有时甚至是片面的、虚假的，必须经过处理才能去伪存真，归纳出结果，提高信息的使用价值。信息处理主要包括以下内容。

**1. 分类及汇总**

对零乱的信息按照一定的标准进行分类整理，重新组合后，才能显示出信息之间的相互联系，为分析、比较、判断创造条件。分类采用统一的国家标准或者系统标准，简便易行，而且使信息容易传递，有较强的通用性。但也不排除为了特殊的目的，建立专门的标准。编码或编目是分类的方法之一，它是利用计算机进行信息处理的重要手段。

**2. 分析、判断、形成结果**

大量的信息罗列在一起，有真有假、有主有次、相互孤立、形式各异，既不容易存储和检索，也难以观察到信息所反映的事物本质内容。特别是关系决策和市场营销的信息，如果只是大量的数据，应用起来将非常困难。因此，要对信息进行比较、分析、计算，使之有条理、有规范、有序列，进而作出判断，形成结果，信息才有较高的使用价值。所以可以说，信息处理是对信息进行再创造的过程，是信息流运行非常重要的环节。

**3. 存储和更新**

经过处理的信息，有的无法立刻投入使用，有的虽然已经使用过，但仍然有再利用的价值，这就需要进行信息存储。传统的信息存储方式，主要是依靠图书馆、资料室，以卡片、档案、汇总报表等形式。现代的存储方式，主要是利用电子计算机技术建立数据库进行大量存储。流通信息有很强的时效性，过时的信息会失去其使用价值，需要及时更新，才能保持信息的生命力。当然，一些反映长期动态和趋势的信息，是需要较长时间的保存和积累的。

### （三）信息传递

信息传递是信息从信息源发出，通过一定的媒介和信息渠道传输给接收者的过程。如果说，信息收集相当于生产所需原材料的供应过程，信息处理相当于生产过程，那么，信息传递就相当于产品的流通过程。与商品流通不同的是，商品流通主要是正向或单向流动，回流是指退货和返品。而信息传递既有单向传递，也有双向和多向传递。其中，反馈传递是信息传递非常重要的内容和特点。

信息传递到接收者之后，接收者就成为信息的使用者，对信息加以利用，实现信息的使用价值。信息的使用价值是信息的知识性、效用性对人类特定需要的满足。在商品流通中，信息的应用过程就是经营管理过程。应用信息可以作出合理决策，调节流通活动，引导消费，从而为企业和社会带来巨大的经济效益。

# 任务3　现代商品流通中的创新

## 一、智慧物流技术

智慧物流（Intelligent Logistics，IL）这一概念提出的背景是很多物流系统采用了先进的激光、红外、无线射频、传感器、自动识别、编码、定位、光纤、无线、数据库等高新技术，这些先进的现代物流系统已基本具备了数字化、可视化、敏捷化、自动化、网络化、柔性化、集成化、信息化、智能化等科技特征。章合杰指出，智慧物流是以物联网技术和现代信息技术为支撑，在物流的整个过程中对其包装、仓储、运输、配送、装卸、信息处理等各个环节使用系统感知、数据分析、实时处理及优化调整运输方案等功能，以实现形成规划智慧、跟踪智慧、创新智慧和系统智慧的现代化综合性物流体系。龚发金认为智慧物流有感知、规整、智能分析、优化决策、系统支持、自动修正、及时反馈等基本功能。童孟达则认为，智慧物流是指运用科学的思路、方法和先进技术迅速、灵活、正确地理解并解决物流问题，创造出更好社会经济效益的物流模式。也有学者指出智慧物流的本质是智能化，物流是智能的应用载体，智慧物流的核心是为客户和社会提供科学的物流解决方案，并创造更好的综合效益。同时强调，智慧物流在不同的时代背景、不同的国家体制、不同的组织、不同的企业、不同的物流项目中有着不同的表现形式。

智慧物流概念于2009年被首次提出，同一年，国务院《物流业调整和振兴规划》提出，积极推进企业物流管理信息化，促进信息技术的广泛应用；积极开发和利用全球导航卫星系统（GNSS）、地理信息系统（GIS）、道路交通情报通信系统

（VICS）、不停车自动交费系统（ETC）、智能交通系统（ITS）等运输领域新技术，加强物流信息系统安全体系研究。2011 年 8 月，《国务院办公厅关于促进物流业健康发展政策措施的意见》持续强调，加强物流新技术的自主研发，重点支持货物跟踪定位、无线射频识别、物流信息平台、智能交通、物流管理软件、移动物流信息服务等关键技术攻关。适时启动物联网在物流领域的应用示范。两项政策都从国家宏观层面，强调了发挥地理信息系统等关键信息技术在物流信息化中的作用。

### （一）配载技术

配载技术是在完成一个或者多个运作目标的前提下，将时间、成本、资源、效率、环境约束集中整合优化，实现现代物流管理低成本高效率的关键技术，是物流运营计划与实际运营有效结合的关键。

配送是物流系统中的一个重要环节，它是指按客户的订货要求，在物流中心进行分货、配货工作，并将配好的货物及时送交收货人的物流活动。

### （二）配载线路优化技术

集货线路优化、货物配装及送货线路优化等，是配载系统优化的关键。

配载线路优化技术的实际运营效果，以某物流服务品牌为例，该品牌配送站大多围绕着各大运营中心而建，运输网络四通八达，通过货车将包裹配送到各配送站，而配送管理部门通过对全国路线及实时路况的掌握，早已为配送部门的快递员提前规划好最优化的路径。通过对配载线路技术的优化，大大提高了配送效率。

在配送业务中，配载技术和配载路线优化技术对配送企业提高服务质量、降低物流成本、增加经济效益有着绝对的影响。

### （三）装卸技术

装卸技术是指在同一地域范围内进行的、以改变物的存放状态和空间位置为主要内容和目的的活动，具体来说，包括装上、卸下、移送、拣选、分类、堆垛、入库、出库等活动。装卸技术直接影响物流管理中的成本、效率和质量管理。

装卸技术的优化追求的是最省力的目标，但具体实施需要因地制宜，因为这完全是一项个性化的工作，不能够照搬别人的模式进行复制，需要综合规划设计。

### （四）包装技术

包装技术包括包装工艺、包装材料、包装设计等，“包装”指的是为在流通过程中保护产品，方便储运，促进销售，按一定技术方法而采用的容器、材料及辅助物的总体名称。

时下最流行的就是绿色环保包装，在绿色包装技术上，某品牌拥有独特的技术——所有商品在入库的时候都会由 Cubiscan 测量仪读取商品的尺寸并存入数据库，在消费者下了订单之后，系统就会根据该商品的尺寸推荐最合适的包装箱，从而避免浪费。

### （五）Milk Run 循环取货技术

Milk Run 循环取货是由一家（或几家）运输承包商根据预先设计的取货路线，按次序到供应商 A、B、C 取货，然后直接输送到工厂或零件再分配中心。

Milk Run 循环取货是一种相对优化的物流系统，是闭环拉动式取货。其特点是多频次、小批量、及时拉动式的取货模式，它把原先的供应商送货——推动方式，转变为工厂委托的物流运输者取货——拉动方式。

### （六）过程控制技术

现代物流已趋向商流和信息流的一体化趋势，通过构建现代化物流中心、信息处理中心这一全新的现代物流体系，使商流、物流和信息流在物流信息系统的支持下实现互动，从而提供准确和及时的物流服务。

### （七）条码与自动识别技术

条码（Barcode）是由一组按一定编码规则排列的条、空符号，用以表示特定的信息。条码系统是由条码符号设计、制作及扫描阅读组成的自动识别系统。

商品与货架以代码的形式存在于数据库内，每一次的移动都会自动更新数据库。仓库人员由此可对库存情况了如指掌。

### （八）物流自动化技术

物流作业自动化是提高物流效率的一个重要途径和手段，也是物流产业发展的一个重要趋势。

国际经验表明，物流作业自动化的实现，并不仅仅是各种物流机械装备的应用，而是与大量信息技术的应用联系在一起的。

### （九）POS 系统与物流 EDI 技术

POS（Point of Sale，销售时点信息）系统，就是销售的动态数据要及时地传送到生产、采购、供应环节，POS 机通过收银机自动读取数据，实现整个供应链即时数据的共享，使收银台的作业效率可以大大提高，顾客的满意度也就提高了。

说到 POS 系统，不得不提及一下物流 EDI 技术，EDI 技术的特点主要在于一方面用电子传输的方式取代了以往纸质单证的邮寄和递送，从而提高了传输效率，另一方面则是通过计算机处理数据取代人工处理数据，从而减少了差错和延误。

### （十）GIS 技术、GPS 技术

简单地说，GIS 就是综合处理和分析地理空间数据的一种技术。

GPS 又称为全球定位系统，它包括三大部分：空间部分——GPS 卫星星座；地面控制部分——地面监控系统；用户设备部分——GPS 信号接收机。

通过上述的两项技术，人们可以实时了解车辆的位置和货物状况（车厢内温度、空载或重载），真正实现在线监控，避免发生以往在货物发出后难以知情的被动局面，提高货物的安全性。同时，消费者也可以主动、随时了解到货物的状态以及货物运达目的地的整个过程，增强卖家和消费者之间的相互信任。

随着经济和电子商务的高速发展，各大贸易企业对物流的需求量猛增，对物流服务质量的要求也有所提高，现代物流企业必须采用更加先进适用的设备与手段，将物流作业效率和安全性进一步提高。市场对物流的要求在不断提升，物流企业只有借助于先进的物流技术，将效率和安全提高，才能为企业客户提供适应市场的服务。

## 二、智慧信息流技术

从目前来看，智慧信息流技术在商品流通中应用最为广泛的就是物联网技术和人工智能技术。

## （一）物联网技术

### 1. 传感器技术

计算机应用中的关键技术。绝大部分计算机处理的都是数字信号。自从有计算机以来就需要传感器把模拟信号转换成数字信号计算机才能处理。

### 2. RFID 技术

RFID 技术是一种传感器技术，是融合了无线射频技术和嵌入式技术为一体的综合技术，RFID 技术在自动识别、物品物流管理有着广阔的应用前景。

### 3. 嵌入式系统技术

嵌入式系统技术是综合了计算机软硬件、传感器技术、集成电路技术、电子应用技术为一体的复杂技术。经过几十年的演变，以嵌入式系统为特征的智能终端产品随处可见，小到人们身边的 MP3，大到航天航空的卫星系统。嵌入式系统正在改变着人们的生活，推动着工业生产以及国防工业的发展。如果把物联网用人体做一个简单比喻，传感器相当于人的眼睛、鼻子、皮肤等感官，网络就是神经系统，用来传递信息，嵌入式系统则是人的大脑，在接收到信息后要进行分类处理。这个比喻很形象地描述了传感器、嵌入式系统在物联网中的位置与作用。

### 4. 智能技术

智能技术是为了有效地达到某种预期的目的，所采用的各种方法和手段。通过在物体中植入智能系统，可以使得物体具备一定的智能性，能够主动或被动地实现与用户的沟通，也是物联网的关键技术之一。

### 5. 纳米技术

纳米技术是研究结构尺寸在 0.1 ~ 100nm 范围内材料的性质和应用，主要包括纳米体系物理学、纳米化学、纳米材料学、纳米生物学、纳米电子学、纳米加工学、纳米力学这七个相对独立又相互渗透的学科和纳米材料、纳米器件、纳米尺度的检测与表征这三个研究领域。纳米材料的制备和研究是整个纳米科技的基础，其中，纳米物理学和纳米化学是纳米技术的理论基础，而纳米电子学是纳米技术最重要的内容。使用传感器技术就能探测到物体物理状态，物体中的嵌入式智能能够通过在网络边界转移信息处理能力而增强网络的威力，而纳米技术的优势意味着物联网可以交互和连接体积更小的物体。

## （二）人工智能技术

人工智能可以分为两大类：强人工智能和弱人工智能。我们目前所处的还是属于弱人工智能阶段，之所以称为“弱”，是因为现阶段的人工智能不具备自我思考、自我推理和解决问题的能力，直白地讲就是没有自主意识，所以并不能称为真正意义上的智能。而强人工智能则恰好相反，若能配合合适的程序设计语言，理论上它们可以拥有自主感知能力、自主思维能力和自主行动能力。强人工智能的类型又分为两种：一种是类人的人工智能，机器完全模仿人的思维方式和行为习惯；另一种是非类人的人工智能，机器有自我推理能力，不按照人类的思维行动模式生产生活。强人工智能具有很大的自主意识，它们既可以按照预先设定的指令去做，也可以根据具体环境需求自己决定怎么做、做什么，它们具有主动处理事务的能力，也就是说可以不根据人类事先做好的设定机械地行动。就当下的技术手段而言，我们离实现强人工智能还有不小的差距，但是我们不排除在编程技术实现智能化后，人工智能会带来天翻地覆的变化。

人工智能技术是在计算机科学、控制论、信息论、心理学、语言学包括哲学在内的多种学科相互渗透的基础上发展起来的一门新型边缘学科，主要用于研究用机器（主要是计算机）来规范和实现人类的智能行为，经过几十年的发展，人工智能在不少领域得到发展，在我们的日常生活和学习当中也有许多应用。

### 1. 智能感知

智能感知包括模式识别和自然言语理解。人工智能所研究的模式识别是指用计算机代替人类或帮助人类感知的模式，是对人类感知外界功能的模拟，研究的是计算机模式识别系统，也就是使一个计算机系统具有模拟人类通过感官接受外界信息、识别和理解周围环境的感知能力。而自然言语理解，就是让计算机通过阅读文本资料建立内部数据库，可以将句子从一种语言转换为另一种语言，实现对给定的指令获取知识等。此类系统的目的就是建立一个可以生成和理解语言的软件环境。

### 2. 智能推理

智能推理包括问题求解、逻辑推理与定理证明、专家系统、自动程序设计。人工智能的第一个主要成果是一个可以解决问题的国际象棋程序的发展。在象棋应用中的某些技术，如果再往前看几步，可以将很难的问题分解为一些比较容易的问题，开发问题搜索和问题还原等人工智能技术。而基于此的逻辑推理也是人工智能研究中最持久的子领域之一。这就需要人工智能不仅要有解决问题的能力，更要有一些假设推理和直觉技巧。在此基础上出现的专家系统就是一个相对完整的智能计算机程序系统，应用大量的专家知识，解决相关领域的难题。这三个功能是最终实现自动程序的基础，让计算机学会人类的编程理论并自行进行程序设计。

### 3. 智能学习

智能学习无疑是人工智能研究中最突出和最重要的方面之一。智能学习更是人类智力的主要标志，是获取知识的基本手段。近年来，人工智能技术在这方面的研究取得了一定的进展，包括机器学习、神经网络、计算智能和进化计算。而智能学习正是计算机获得智能的根本途径。此外，机器学习将有助于发现人类学习的机制，揭示人类大脑皮层的奥秘。所以这是一个一直受到关注的理论领域，思维和行动是创新的，方法也是近乎完美的，但目前的水平距离理想状态还有一定的距离。

### 4. 智能行动

智能行动是人工智能应用最广泛的领域，也是最贴近生活的领域，包括机器人学、智能控制、智能检索、智能调度与指挥、分布式人工智能与Agent、数据挖掘与知识发现、人工生命、机器视觉。智能行动就是对机器人操作程序的研究。从研究机器人手臂相关问题开始，进而达到最佳的规划方法，以获得完美的机器人移动序列为目标，最终成功产生人工生命。而将来智能人工生命的成功研制也必将会作为人工智能技术突破的标志。

## 复习思考题

1. “互联网+”有哪些特征?
2. 什么是共享经济?
3. 简述电子商务和物流的关系。
4. 信息流的运动过程是什么?
5. 智慧物流的支撑技术有哪些?

# 项目六　电子商务商品流通

## 思维导图

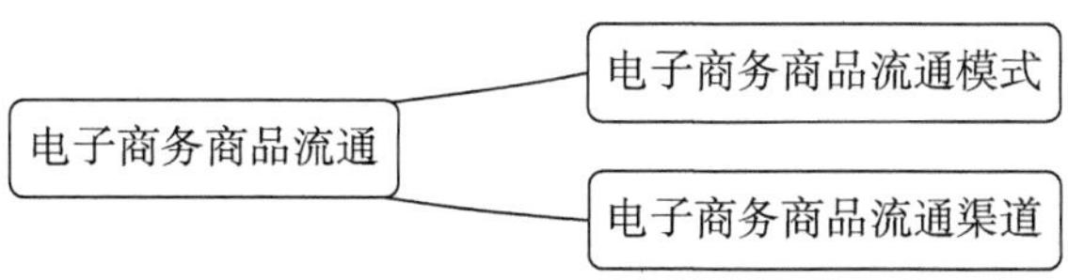


## 学习目标

1. 了解电子商务的商品流通常见模式；

2. 了解电子商务商品流通的几种渠道；

3. 能够根据电子商务商品流通模式与渠道设计出电子商务商品流通的基本流程。

## 任务1　电子商务商品流通模式

商品流通模式可以应用在新知识经济、网络和电子商务的成长、金融服务产业的重构、现代产业盈利方法等方面，商品流通模式是增大、巩固、删减商业行为的过程，当这些调整超过一定限度，就演变成商品流通模式创新，它可视为企业整体系统性的变革，追求企业在未来竞争环境下的与众不同，而不仅仅是技术创新或产品创新。长江商学院全球化研究中心在2014年发布《中国在线零售业：观察与展望》报告中以价值链要素组成为理论基础，综合比较分析了代表性电子商务企业在企业成长背景、领导能力、发展战略、价值链要素特征、服务供给能力等方面的优劣，将我国在线零售业的商业模式划分为价值链整合模式、开放平台模式、O2O模式、特卖模式与社交模式。本项目从我国当前电子商务市场的实际出发，对四种商品流通模式进行讲解：以阿里巴巴集团为代表的商业生态模式，以京东商城（简称京东）为代表的供应链整合模式，以苏宁、国美为代表的线上线下互通模式以及社交网络模式。

## 一、产需互动模式

### （一）商业生态模式

阿里巴巴集团作为我国电子商务平台市场领军企业，经过二十多年的发展，打造出了一个较为完整的商业生态体系。阿里巴巴集团旗下 B2B 平台阿里巴巴 1688.com 提供采购平台、采购商城、供应产品、全球货源市场、零售通平台、淘工厂、淘货源、网上批发、在线交易、诚信通等业务，连通制造商、供应商与采购商，是我国目前最大的 B2B 电子商务平台；B2C 平台天猫商城主营各类品牌零售、生活百货、食品生鲜等，连通商家与消费者，是我国目前最大的 B2C 电子商务平台；C2C 平台淘宝网则连通个体商户与消费者，打造传统集市的线上版，占据我国 C2C 电子商务市场 90% 以上的市场份额。

阿里巴巴集团的商品流通模式是通过构建不同的交易平台将各市场主体连通，这样各主体的供需信息，即便是小众化、个性化、碎片化的需求，都能够一目了然，而用户只需付出碎片化的时间就可获得信息，极大地节省了用于生产、消费或交易环节的搜寻时间，但是由于时空契合的变化，电子商务企业的经济时空突破了物理时空限制，使得电子商务企业不得不面临在线交易的一系列问题，因此阿里巴巴集团围绕企业诚信、支付安全、用户交互等直接关系市场主体切身利益的方面进行了功能上的完善与创新。例如，针对企业交易信用问题推出诚信通：通过第三方认证机构审核接入平台企业的营业许可、专利、税务登记等资质，并根据交易记录、交易平台积累企业信用，量化出诚信通指数，反映企业信用，在 B2C 与 C2C 平台对买卖双方同样采用信用评级制度；针对支付安全问题推出支付宝：买方付款后，款项进入支付宝，买方确认收货后款项才能进入卖方账户，整个过程不收取用户的手续费，这种第三方担保的中介机制极大程度上解决了网络支付的安全隐患；针对买卖双方、买方之间的交流与互动问题推出阿里巧巧、问大家、社区等服务功能：双边市场平台很重要的一个方面就是网络外部性，买卖双方通过阿里巧巧直接交流、议价等增强交叉网络外部性，买方之间通过问大家与社区功能增强直接网络外部性，缓解了交易信息不对称的问题。这样，一个庞大且开放的商业生态体系就形成了。阿里巴巴集团的开放性和兼容性使得原本不具规模优势的中小型企业也能参与价值创造过程，这种新的商品流通模式延长了价值链。阿里巴巴不是在与某家公司竞争，而是与千千万万的企业在合作，供应链信息平台化能够让不同地域的企业之间实现产品订单信息互动，让模块供应商即时生产、即时发货，与系统集成商一起缩短产品周转时间，降低社会时间价值损失。

## （二）供应链整合模式

由于存在大量自营业务，与开放式电子商务相比，自营式开放电子商务还要面临采购、仓储、库存管理、物流、配送等多方面的综合挑战；与传统实体零售平台相比，电子商务面对的市场范围更大、用户群体更多、商品品类更广，其供应链管理的难度相对更高，因此供应链整合能力对自营式开放电子商务而言至关重要。京东是目前国内最大的自营式开放电子商务平台，其商业模式主要依靠供应链整合，而供应链的重点在其自营物流体系。作为市场后进入者，面对阿里巴巴巨大的竞争压力，京东巧借最初在线下经营 3C 产品［3C（Computer、Communication、Consumer）Products，计算机类、通信类和消费类电子产品的统称］时积累的一定供应链管理经验，整合供应链技术与资源，并抓住消费时间价值的痛点提升物流运输时效，树立了京东在我国电子商务市场差异化的竞争优势。2015 年全年京东市场交易额为 4627 亿元，净收入达到 1813 亿元，年交易额同比增长 78%，增速是行业平均增速的 2 倍。

电子商务的商品流通模式始终无法回避人与货物之间的空间可达性问题，即使物流运输能够解决可达性问题，但可达性的效率在很大程度上影响着客户的时间价值感知。京东是国内电子商务中最早建立自营物流体系的，截至 2015 年年底，京东在全国范围内拥有 7 大物流中心，在 50 座城市运营了 213 个大型仓库，仓储设施占地面积约 400 万平方米，能够为消费者提供多种物流配送服务：211 限时达、次日达、夜间配、付费增值服务 2 小时极速达、包裹跟踪（GIS）等。力求通过追求极致的用户体验来构建优质、高黏性的用户群体，保障用户享受高效、高质量的物流配送服务。由京东投入建设的“亚洲一号”目前投入运营，预计会进一步降低京东的物流成本，同时自营物流体系向第三方开放能够为京东带来一部分利润。

## 二、产销结合模式

### （一）线上线下互通模式

我国电子商务市场存在着以苏宁与国美为代表的线上线下互通的商品流通模式，即实体店面与电子商务同步发展，既涉及传统实体零售业务又涵盖网络零售业务。苏宁与国美是我国最早以销售家电为主的零售连锁企业，面对电子商务的浪潮，他们纷纷进行创新与转型，成立苏宁易购与国美在线，开展在线综合零售，借助其线下实体零售业务资源与优势进军电子商务领域并取得成功。以苏宁集团为例，苏宁易购与阿里巴巴、京东相比起步较晚。苏宁易购采用自营与开放相结合的运营模式，依托苏宁实体零售平台的采购、物流配送、售后服务体系等快速发展起来，成为仅次于京东商城的国内第二大自营式开放电子商务平台。苏宁易购的线上模式与一般的自营式开放电子商务平台相似，其信息资源、物流资源等向接入平台的商家全部开放，并为入驻商家提供技术支持、品牌扶持、市场推广、售后服务等，同时为了平台资金流动畅通、应对支付宝和财付通等带来的压力，苏宁易购开发了易付宝，先于京东商城的京东钱包，成为国内 B2C 市场第一家具备第三方支付业务的平台企业，抢占了 B2C 市场支付业务；苏宁易购的商品流通模式很重要的一点在于将线上电子商务与线下实体零售平台打通，消费者根据自身偏好、时间分配、空间位移成本等因素，先在线下实体零售平台体验后，再在线上电子商务平台下单，也可在线上下单、线下取货，线上线下互通的电子商务消费模式，从全方位满足了用户的不同层次需求。由于这种模式需要一定的实体零售基础，因此复制难度较高，这既构成了平台的重要竞争优势，也造成了后进入市场企业的进入壁垒。

### （二）社交网络模式

伴随互联网经济的发展，电子商务的浪潮涌向社交网络领域，掀起了一股热潮，形成了一类基于社交网络的商品流通模式。社交网络平台与电子商务是互联网经济时代的新产物，两者在发展过程中逐渐融合，实现平台间人流、信息流、资金流、产品流的共享，使得消费者既可以通过社交网络平台实现消费，又可以借助电子商务实现社交需求。最具代表性的为腾讯旗下微信平台，2015 年第一季度末，微信每月活跃用户已达到5.49亿，覆盖全国90%以上智能手机，并且腾讯财付通开通了支付功能“微信支付”，庞大的用户基数、平台的开放性、完善的服务功能吸引了许多电子商务平台加入微信，如京东购物、美团外卖、唯品会特卖等均作为第三方服务进驻了微信，并且能够直接在微信平台端完成下单购物，此外一些中小型商家也纷纷加入微信成为微商。京东商城加入微信社交平台的同时也加入了腾讯旗下即时通信平台QQ，进一步扩大其市场影响力；在此之前，阿里巴巴早已与社交网络巨头新浪微博达成战略合作，阿里巴巴旗下天猫商城与淘宝网进驻新浪微博平台，共享微博用户资源、信息资源。基于社交网络的商品流通模式与电子商务的网络外部性有着密切的联系，强网络外部性发挥的空间效应，对电子商务而言非常重要，与社交网络平台的合作能够共享其网络外部性，促使电子商务平台获得更大的空间效应。

# 任务2　电子商务商品流通渠道

## 一、自建电子商务网站直销

### （一）经营模式

自建电子商务网站直销是指企业从设计、生产到经营一体化的经营模式，它相当于一个制造型的品牌，企业也可以指定某个供应商生产或者是贴牌加工，在自己的店面销售，自建电子商务网站直销其实就是零售业的OEM（Original Equipment Manufacturer，原始设备制造商）产品。典型的例子有天猫B2C旗舰店、QQ商城、拍拍店铺等虚拟店铺经营。直营是其经营运作模式，没有中间商，只专注于原创品牌的虚拟经营运作模式和品牌产品的设计开发。如果品牌运作成功，市场的需求超过了品牌企业生产的能力，企业会和其他具有加工能力的企业合作，或者是以发展第二类产品品牌满足膨胀的市场需求，扩大品牌市场占有率。

### （二）竞争优势及存在的问题

#### 1. 竞争优势

由于省去了一些交易的中间环节，企业通过规模效应降低销售成本，因此，自建电子商务网站直销通常具有价格低、高品质的竞争优势。再者，品牌企业集中采购原材料，有一定的价格优势。原料价格透明，合理地利用这种价格和成本优势，能够保持自有品牌的竞争活力。货源品质保障，商品种类丰富。通过本品牌的设计团队开发产品，生产部门制作，能够针对消费市场的需求设计产品，产品的品质和货源数量都有保障。如网络直营网站品牌“麦考林”的经营策略就是原创品牌和引进品牌相结合，它旗下的自有品牌 Euromoda（欧梦达）和 Rampage（兰沛琪），同时也引进一些带有时尚元素的品牌，根据腾讯网信息显示，麦考林引入了如拉夏贝尔、裂帛、昕薇等女装品牌。其自有产品直接从工厂定制，不经过任何中间环节，因此，它的货品更新上市速度快，对市场的影响力较大。

2. 存在的问题

自建电子商务网站直销实现了生产商直接与消费者接触的 B2C 模式，由于商品质量及商家信誉相对较高，而受到网购用户的欢迎。例如：凡客就是以直营模式占领市场的，通过产品生产外包加工，贴牌销售的经营模式取得了一定的成功。但存在的问题也比较明显，自产自销加长了企业的生产线，产业链过长，产品生产需要耗费大量的精力，加大了资本投入，然而，市场需求不好掌握，库存压力大，不利于建立固定的目标消费群体和品牌忠诚度，消费者品牌产品的概念可能比较模糊。相对于淘品牌，设计师品牌价格偏高，受流行元素影响小，设计含量较高。原创设计师品牌主要以产品的设计开发为主，因此，对设计师的产品开发能力要求比较高，如网络原创品牌“裂帛”，就是利用设计师团队扩大产品线，精细产品的尺寸，采取产品开发预售的销售策略，这样更有利于结合消费者的需求开发设计产品。此类品牌对流行知觉度较高，款多量少的设计模式是网络原创设计师品牌比较常用的思维方式。

目前，随着网络自产自销的企业数量越来越多，行业的品类逐渐丰富，企业更应该不断完善自身的产品和服务，提升品牌的竞争力。自产自销经营模式的企业应该在充分发挥设计师定制服务特色的前提下，稳定自有品牌产品质量和产品特色，发展高端品牌个性定制和个性化的服务意识，细分目标消费群体，发展二三线品牌，实施多品牌发展的战略，建立与消费者互动的社交交流网站，收集客户信息，结合市场需求设计开发产品。

## 二、利用互联网经销或代销

代销的全称为网店代销，又名网店代理。网店代销基本上分虚拟物品代销和实物代销两种。代销是指某些提供网上批发服务的网站或者能提供批发货源的销售商与想做网店代销的人达成协议，为其提供商品图片等数据（并非实物），并以代销价格提供给网店代销人销售。一般来说，网店代销人将批发网站所提供的商品图片等数据放在自己的网店上进行销售，销售出商品后通知批发网站为其代发货。销售商品直接从批发网站发出到网店代销人的买家处，网店代销人在该过程中看不见所售商品。需注意，网店代销的售后服务也由批发网站提供。

## 三、利用互联网购销

互联网购销是指在网络技术的迅速发展下，消费者和经营者间以互联网为沟通媒介对产品或服务进行购买和销售，是一种电子化和网络化的新型购销方式。互联网购销模式的优点与传统商品交易方式相比，对经营者而言，能降低经营者的店铺租金、仓储费等传统交易成本，使商品交易免受现实情况、市场空间、选购时间等外部因素的影响；对消费者而言，该模式具有价格便宜、方便购买、选择多样等优点，所以受到了广大消费者的青睐。互联网购销模式的缺点在于网络交易双方信息不对称，网购消费者不具备现实生活中直观观察货物品质和挑选商品的条件。正因为互联网购销模式虚拟性和匿名性的特点以及网络商品购买和使用时空分离的特征，才产生了不能确定产品质量、商铺信誉等诸多新型交易成本，严重的或会因互联网购销过程中信息不对称的问题诱发网络欺诈。

## 复习思考题

1. 社交网络模式的优势体现在哪些方面？
2. 什么是互联网购销？
3. 自建电子商务网站直销的优势是什么？

# 项目七　新零售商品流通

## 思维导图

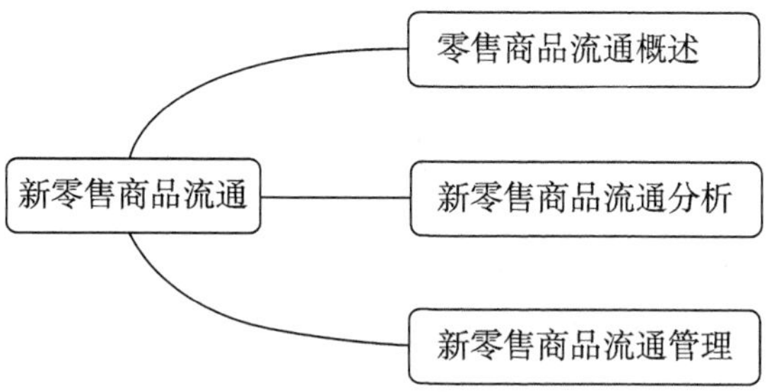


## 学习目标

1. 了解我国的零售业发展历程与趋势；
2. 了解新零售本质、新零售商品流通流程；
3. 了解新零售商品流通管理的特点、方法；
4. 能够根据新零售商品流通流程梳理出管理的各个环节；
5. 能够根据新零售商品流通的特点制定出商品流通管理规范。

## 任务1　零售商品流通概述

### 一、我国的零售业发展历程

#### （一）粗犷的商品流通时代

1949 年，全国范围内开始组建百货商店，到 1957 年，供销合作社在全国形成了全国性流通网络。从 1953 年到 1993 年，这一时期被称为中国的“票证时代”。百货商店的职能除了提供商品和服务外，更多的是计划经济时期的资源分配。

1978 年改革开放一直到 20 世纪 90 年代，我国的零售业主要还是以国有大型百货为主体的单一业态。20 世纪 90 年代中后期，商品流通开始变得繁荣，越来越多的民营门市部、市场开始兴起。中国的商业零售进入市场化的启蒙期。

在这个阶段，由于信息的高度闭塞，供需关系出现了严重的不平衡。很多人在找销售渠道，还有很多人在找产品，所以这个时候，全国性的信息平台，如央视广告、全国糖酒会、美博会就会在营销工作中起决定性的作用。

再加上当时的物流、交通的不发达，很难实现营销上的精细化管理。总的来说，这是一个粗犷的时代，对于厂家来说，搞定代理商就意味着基本可以搞定销售，所以几乎所有的厂家都在央视和糖酒会上铆足了劲。

### （二）流通渠道、超级卖场、终端门店

20 世纪 80 年代中期，“超级卖场”的零售业态引入中国。1991 年上海联华超市商业公司成立，这标志着我国零售业进入了新的发展时期。自 1992 年允许外资零售企业进入中国零售领域后，我国形成了百货、超市、便利店、专卖店等多种业态并存的格局。

1997 年后，大型超市开始关注生鲜食品方面的经营，随后出现了生鲜超市、社区超市等多种业态。尤其是连锁超市，销售规模逐年递增，成为中国最具市场活力与竞争力的零售业态。

在这个阶段，是中国零售体系发展、变革最为快速的时代，从“渠道为王”到“深度分销”，从“深度分销”再到“决胜终端”。每一个阶段都带着极强的管理色彩，中国零售开始从粗犷的分销模式走向精细化的市场运作模式。

在这个时期，仅有央视品牌和诸如糖酒会、美博会的大曝光已经不够了，必须要精细化地去做渠道客户的运营管理，大型卖场要懂得如何去运作，深度分销是将分销体系逐步建设到了县城，而决胜终端则是厂家在销售最后的战场上的决战。中国的企业和国际品牌在华夏大地杀得火热，也获得了大幅度的专业能力提升和市场空间。

另外，虽然渠道产品的展示没有这么丰富，但这个阶段消费者可以根据自己的喜好自主选择产品了。也就是意味着渠道的力量在进一步降低。对于厂家来说，光

研究代理商已经不够了，必须还要研究消费者的行为习惯、购买习惯，虽然渠道仍然起到举足轻重的作用，但越来越多的厂商已经开始将注意力放到消费者身上，这是 C2C 零售的重要开端。

### （三）高度融合电子商务时代

2003 年淘宝成立，中国进入电子商务时代。同时，其他电商品牌也开始崛起。

电商平台从 C2C 发展到 C2C 与 B2C 多种模式并存，逐渐形成自营式电商。新技术加持下，零售业发展加快了步伐。2011 年 5 月 26 日，支付宝拿到了“第一张支付牌照”。网上订货、电子支付、送货到家，移动化与无钞化逐渐成为国人的日常。2012 年微商兴起，形成了“通过个人社交平台发布产品”的一种零售模式。

2016 年 10 月，马云率先提出了新零售概念。2017 年 6 月，盒马鲜生北京首店开业，新零售时代拉开序幕。2017 年作为中国线上线下融合的实践年，在消费升级以及数据驱动的大背景下，中国网络零售市场活力重现。根据产业信息网发布的数据显示，2017 年中国网络零售市场规模突破 7 万亿元，在社会消费品零售总额中占比达到 16.4%，同比增长 29.6%，多年以来增速首次回升。

2017 年，在线下商超消费过的用户占比高达 93.4%，其中大型超市是最主要的零售场景，83.8% 的消费者最近一年曾经在大型超市有过消费。通过线上零售渠道进行过消费的用户占比为 79.5%。2017 年以来，生鲜电商市场发展迅速，平均每年保持 50% 以上的增长率，并且迅速洗牌。大量中小型生鲜电商或倒闭或被并购，市场遇冷。但与此同时，阿里、京东等电商巨头入局，不断加码供应链及物流等基础建设投资，并带来了一系列创新模式，使得生鲜电商市场重振活力。

2018 年以后，随着短视频的兴盛，短视频电商、内容电商、网红电商迎来春天，直播带货成为重要的零售方式，许多新媒体平台开通了电商功能，内容成为零售的重要流量入口。在这个阶段越来越多的营销方式开始大行其道，对于传统企业来说，这是一个非常困难的阶段，因为传统企业要不断地适应新的营销方式带来的变化。零售工具再也不像以前那样是由单一的物理渠道构成的，而是成了天网地网的结合。

在这个阶段，零售已经占据了相当大的比重，分销逐渐式微，几乎所有的分销场景已经很难再建立品牌，消费者的选择范围越来越大，购买的途径也越来越多。

营销逐渐从 B 端让步到 C 端，中国营销进入新时代，急需要新的方法论体系支撑新时代营销环境的变化。

## 二、我国的零售业发展趋势

### （一）各零售业主体发展趋势

#### 1. 百货业的发展趋势

百货业在历史中存在的时间最为长久，是最早兴起的一种零售业态，在最近几年受到网络零售的冲击最为猛烈。为了改变这种局面，必须创新经营方式，传统的百货业态将向体验式购物中心转变，体验式购物中心由于具备传统百货业所没有的休闲、娱乐、便利、社交等功能而广受百货零售企业的欢迎，体验式购物中心能够适应新的消费者需求，为消费者提供舒适便利的多功能环境。百货业将在保持原有优势的情形下，转变经营策略，与生产商博弈，谋求更多的通道费，降低采购成本，形成供应上的优势，扩大利润空间。百货业将逐步扩大销售商品中自有品牌的比重，进一步扩大利润空间。百货业将让渡更多的顾客价值，增强对消费者的服务，让消费者感受更加舒适便捷的购物环境。现如今，百货商场是品牌商品、国际知名奢侈品的主要销售场所。在百货商场的销售种类方面，品牌服饰，金银首饰，知名化妆品等贵重物品占主要地位，其销售额在总销售额中的比重达到 70% 以上。因此，随着国民经济的进一步的发展，消费者需求的不断升级，国家政策对居民消费的引导，现代百货业态将获得新的发展机遇，扩大其市场占有率。

#### 2. 超市业的发展趋势

我国超级市场如今面临着诸如沃尔玛、家乐福、乐购等国外巨型零售企业的强烈竞争压力。国内的大型超市企业大多以直接投资、重组并购、扩大资金链等方式来寻求出路，实现多区域共同经营。超市企业的并购趋势将会更加明显，以至于超市的数量将会逐步减少，超市的综合能力将进一步提升；由于我国各区域间经济发展水平差异较大，相较于东部沿海城市超市企业在中西部具有较大的发展空间，超市企业在中西部城市的竞争将会逐步激烈化；由于城市化进程的加快、法制的不断健全以及城市规划上的限制，超市企业在店铺选址方面会受到影响，将逐步向市郊转移；民营资本以及国外资本对超市业的投资将保持较小的幅度增长。

### 3. 专业店的发展趋势

专业店在我国由来已久，早在计划经济时期就已存在，那时由于物资匮乏，国家对各类物资进行统计然后按指标制定计划分配下来，最常见的是粮油店，布店等。如今，我国最具特点的专业店是家用电器类零售企业以及家居建材类零售企业。家用电器行业经过多年的激烈竞争、并购重组，逐渐形成了以国美、苏宁易购两家企业寡头垄断的市场格局，由于行业垄断所具备的规模优势以及品牌价值将导致家用电器行业壁垒进一步提高，电器类企业将很难进入市场；两家寡头企业将进一步扩张其门店数量，兼并收购小型企业，获得垄断利润，其发展速度将会远超家电行业的平均水平。家居建材类零售专业店在我国起步较晚，面临着国外品牌的强烈冲击，同时处在城镇化的加速期，可是说是机遇与挑战共存。家居建材类零售企业将进一步扩大市场占有率，加强自身的品牌形象建设，用合理的定位来吸引消费者。

### 4. 专卖店的发展趋势

专卖店在我国的发展态势一般，从国家统计局的相关数据来看，近几年专卖店的销售额以及营业面积大致保持增长的趋势，预计未来几年，专卖店将达到饱和，门店数量将保持稳定，销售额将持续增长。另外直销将成为专卖店的重要销售形式，专卖店会逐渐将业务拓展到自主品牌研发，生产以及销售等层面上，达到生产与销售一体化的高度，中间商的空间会逐渐缩小；专卖店将根据消费者的购买习惯提高售卖商品的专业度，提高服务标准。

### 5. 便利店的发展趋势

20 世纪 90 年代，便利店在我国如雨后春笋般生根发芽，门店数量暴增，然而近几年便利店已显现出颓势，门店数量以及营业面积逐渐饱和，销售额也只有零星的增长。另外我国便利店的盈利能力很低，不像有些国家和地区可以达到 40% 以上。有鉴于此，部分便利店零售企业转变经营策略，尝试着寻求新的出路。

便利店的选址策略逐步转变，以前的选址大多集中在居民小区、街道办事处、学校医院等人流密集处，以后的选址将逐步转向办公区写字楼、地铁站出口等地段；便利店的服务将更加多元化，随着社会的不断进步，便利店需要适应现代城市生活的快节奏，并将提供更多的服务，如代缴与人民生活息息相关的电费、水费、手机费等，而不是和以前一样只单纯地售卖一些小商品。另外随着网络销售的逐步兴起，便利店将在其中获得一些发展空间。便利店将与网络零售相结合，运用自身强有力的网点布局优势，发展其快递代收、配送等业务，并将逐步的拓展自身的网络零售业务，实现网络与实体协同经营。

#### 6. 无店铺经营的发展趋势

随着科技进步和消费者需求推动的移动互联网的逐步发展以及各种 App 的研发与应用，在无店铺经营中，网络零售企业与实体零售企业相结合的全渠道零售便显出了强大的发展势头。网络零售企业与实体零售企业将会在这股风暴中选择对各自有利的全渠道商业模式，零售企业无论是电商还是实体店商都会根据自身经营的商品类型以及与之相关的不同服务要素的组合方式，来确定转型方向。大致来说，全渠道零售在未来具有非常巨大的发展空间，各个零售企业将会想方设法地向其靠拢，运用自身独有的特点去选择商业模式，小型零售企业由于其规模小、转向灵活等特点将获得发展优势。网络零售企业与实体零售企业的合作与竞争将是移动互联网时代下全渠道商业模式选择的重要看点。

### （二）新零售发展趋势

#### 1. 生产型经济转向消费型经济

"'新零售'以数据为驱动，重塑了零售中'人''货''场'三者间的关系，提升了商品的流通效率，真正实现了消费方式逆向牵引生产变革，引导经济从'生产型经济'向'消费型经济'转型"。整个零售业态呈现出：线上 + 线下，商品 + 服务，零售 + 科技，多种业态、多种产业的深度融合；传统电商转向 O2O 模式；技术提高拓宽了销售渠道；基于价格战的顾客资源争夺向个性化、多样化、品质化转变等特征。

#### 2. 线上线下融合发展

电商出现之前，消费者在实体店铺消费可以直观感受商品的质量、外观、手感等。后来随着电商的出现，消费者更倾向于在线上的各种 App、网上商店通过浏览图片、视频进行商品的选择，网上下单，足不出户就可以购买到自己所需的商品。随着人们消费水平和消费需求的提高，传统店铺和电商的弊端不断出现，难以满足顾客需求，越来越多的消费者选择先在实体店体验产品，再到网上下单，最后到实体店提取商品，这样既可以保证产品质量，缩短收货时间，又可以低价购买所需商品，更好地满足自身需求，这种变化实际上就是线上线下融合发展的趋势。在这种趋势下，阿里巴巴和京东都采取了一系列行动来不断发展线下。二者除了建设自营物流外，还与其他企业合作，如阿里巴巴与苏宁合作，成立猫宁电商公司，运用苏宁来弥补阿里巴巴线下的不足。京东与沃尔玛、腾讯合作，腾讯可以为京东更好地扩展线上部分，沃尔玛则弥补了京东线下的不足。总之，纯电商与实体店铺的发展各自面临着很多问题，只有线上线下融合发展才是零售行业发展的出路。

### 3. 高科技成为新零售发展的基础

一方面是大数据为市民服务变得更加普遍。大数据成为零售市场新的基础力量，为消费者和商家构建个性化消费场景提供数据基础。大数据通过对网络用户的浏览数据和购买数据进行智能处理，可以减少消费者网上购物的时间成本，同时零售商也可以根据这些数据进行产品推荐，更好地把握消费者动态，提供优质服务。另一方面是 VR 购物有新突破。运用 VR 技术，形成三维购物环境，戴上连接传感系统的“眼镜”，可以“看到”真实场景中的商铺和商品，可以进行商品体验。淘宝的 VR 购物 Buy + 出现，用户可以在虚拟店铺感受线上购物；阿里 VR 实行的第一个项目是“造物神”计划，计划打造世界上最大的 3 维商品库，满足消费者的虚拟购物体验。

还有一方面是科技化物流配送发展起来。在新零售的发展背景下，传统零售店铺的自建物流会变得落后，需要借助电商物流实现其发展。这种大融合的趋势难以阻挡，线上和线下相互借力，有效提高资源的利用率，实现两者的齐头并进。此外，随着技术的提高，机器人和智能仓储系统在物流发展过程中变得越来越完善，物流信息变得更加透明，不仅是商家与消费者之间的信息，供应商与零售商之间以及工厂与原料厂之间的物流信息也变得透明。科技化物流配送系统会越来越完善，新零售背景下的物流体系会建立在自动化物流体系的基础之上，不仅提高了运送效率，还降低了人工成本。

### 4. 消费场景化、娱乐化

新零售背景下会塑造出更多的消费场景，在这些场景中，消费者不再只是简单的购买者，他们在购物过程中越来越注重感情和价值主张。新零售模式下的零售形式会注重顾客的体验感，如浏览体验、交互体验、信任体验等。由此最大限度地提高了用户参与度，让他们充分感受购物的欢乐感，提高消费者对品牌的认知度。此外，消费娱乐化也是新零售的一种发展趋势。我国中产阶级迅速崛起，消费升级明显加快，消费主张逐渐从“生存型”转向了“享受与发展型”；消费形态由“买产品”到“买服务”；消费行为由“标准化”变为“个性化”。随着“90后”“00后”不断涌入消费市场，他们新的消费理念逐渐影响零售行业的零售行为，与“70后”“80后”的“物质型消费”相比，他们更倾向于网络、游戏、互动、聚会、健身等新兴消费模式，更喜欢博客、朋友圈等互动性强的媒介，更愿意发表自己的观点和看法。在他们的带动下，消费娱乐化成为新零售的发展趋势。

**5. 供应链更加完善，全渠道物流快速发展**

新零售时代，零售业更加强化产品运营能力，提升、优化供应链，投入所需的资金、人力和物力，创新渠道策略，制定精准的全渠道布局。建立可预测的供应链协同和优化体系，满足多批次、少批量的物流需求。零售业实施开放的供应商策略，向供应商提供数据、物流等方面的服务，赋能供应商，缩短供应链，降低供应链成本。此外，零售企业与上中下游的企业进行合作，实现信息共享，从而能够快速调整产品设计、生产采购、库存布局、跨渠道服务等环节的供应链，以满足市场上个性化的零售需求。零售业运用人工智能和物联网技术优化物流供应链的布局和执行能力，构建敏捷、智慧的全渠道物流体系。在末端云仓（社区或门店）实现POS系统、订单系统与物流的数据共享，为消费者提供全渠道订单交付和本流配送服务。传统零售业通过物流环节实现线上和线下的全渠道零售模式，开展全渠道交易，打破原有的边界，推动无界零售的发展。

# 任务2　新零售商品流通分析

## 一、新零售的本质

从零售的历史变迁与发展看，电子商务或者说网络零售，是技术推动下一种全新的零售业态，是信息社会必然出现的一种销售形式，但这并没有改变零售的本质与内涵。从古至今零售既是最古老的贸易形式，也是最具有时代技术特征的交易方式。

原始社会的物物交换是零售的雏形，奴隶社会商人与货币出现后零售方式基本已经形成。经过发展，零售的形式不断地发生变化，从坐商到行商，从手工业的专业商铺到杂货铺，再到现代化的百货商店、超市、便利店、专卖店等多种业态，不断有新的形式出现。因此，零售业的发展一直在变化，且不断有新的零售方式出现。但是新的零售方式的出现，并没有改变零售的本质，即将商品或服务直接出售给最终消费者。商品与服务是零售的本质内涵，满足顾客需求永远排在第一位，任何时代、任何技术都不可能改变这个本质。零售业也一直是在变与不变之中发展。

### （一）变——形式一直在变，新的零售业态随着技术的进步而出现

2021 年 10 月，新的《零售业态分类》国标实施。虽然 2021 年新版的国标与 2004 年旧版的国标均包含 17 种零售业态，但旧版店铺零售业态有 12 种，无店铺零售业态有 5 种，新版分别为 10 种和 7 种。可见，零售的形式一直在变化，一直有新的业态出现，这是零售业的“变”。其中有四次零售业的“变”被称为零售革命，依次是百货店、超市、连锁、电子商务。每一次零售革命都伴随着人类技术的进步和生产方式的变化。工业时代的百货店和超市顺应着工业时代的技术与经济特征。因为交通技术、大工业规模化生产可以支撑百货商店。所以，当新技术出现时，零售业必然会出现相应的业态或形式以适应技术的变化。电子商务出现的技术背景是互联网，互联网减少了人类社会的沟通成本，缓解了经济社会的信息不对称问题，电子商务被称为继百货店、超市、连锁之后的第四次零售革命，电子商务突破时空约束以成本更低、价格更低、选择更多、购物更便捷的优势提升了消费者的购物效率，其必然会对传统零售业态形成巨大的冲击。电子商务是信息社会必然会出现的一种零售方式，所以，在信息社会里，出现以信息技术为核心进行零售的新方式、新业态符合零售发展的规律。

### （二）不变——本质一直不变

虽然零售业态随着技术的变化而变化。但是新的零售业态并不会取代旧的零售业态。百货店、超市、便利店的出现并没有取代食杂店、商业街、集市等传统的零售形式。技术改变的仅仅是人类获得商品的形式和方法，零售依然是商业社会的核心，是交换的最终实现形式，其作用仍旧是将商品或服务提供给最终消费者。在不断变化的形式中，零售发展的实质是无限拉近人与人之间的距离、人与商品的距离。

### （三）零售在变与不变中发展——高效率的创新业态与传统的零售业态不断优势融合

新的零售业态出现是零售发展过程中必然出现的现象。新的技术在零售领域的运用，产生出新的零售技术与方式。其本质是提高零售的效率，满足消费者对商品与服务的需求。且新的业态不会消灭旧的业态。每次零售革命的出现都会对旧业态产生影响（包括负面和正面影响）。但影响不意味着消灭旧业态，反而是新旧业态的相互融合，相互吸收各自的优势，同时又产生新的零售业态，这在零售理论中称为零售轮转理论。

马云曾说："线上的企业必须走到线下去，线下的企业也必须走到线上去，线上线下加上现代物流，才能实现真正的新零售。"从理论上讲，这个概念并不严谨，因为零售没有新旧之分，只有新旧零售形式或新旧零售业态之分。

线上线下融合代表着未来零售业态发展的主流方向。之所以说是主流是因为新零售虽然不会消灭旧的零售业态，但是未来主要的零售方式是线上线下融合。

从当前时点看，新零售是纯电商发展遇到瓶颈后与传统零售业态融合的必然趋势。

按照零售轮转理论，任何一种新的业态的出现必然是以低成本、低价格、低毛利进入市场的。但是随着规模的扩大，这种新的业态或零售的组织方式的成本会加大，成长速度降低，利润减少，发展遇到瓶颈，网络零售也是如此。以天猫为代表的网络零售平台成本越来越高，发展速度也逐年下降。

新零售这一概念，是基于当前电子商务增长速度放缓而提出的未来网络零售的发展方向，但同时也是解决传统零售企业受到电商冲击的办法之一。网络零售的优势在于突破了交易活动的时空性。消除了交易活动中的信息不对称，降低了交易成本、库存成本、场地成本，其劣势是体验性差，不能即时购买商品，适合于标准化商品销售，难以提供非标准化的商品和服务。

传统零售业态的优势是体验性强，可以直接接触商品，实现即时交易。但是受时空约束性强，信息不对称严重，交易环节多，场地成本、库存成本较高。所以，电子商务发展初期，利用低价、购物便捷等优势必然会对传统零售产生冲击。但是，随着电子商务的逐步成熟，电子商务的劣势凸显出传统零售的优势，电子商务与传统实体店存在着明显的优势互补的关系，因此，在双方发展都面临问题的这个时点，相互融合、优势互补是线上线下走向融合的必然趋势。但不管怎么融合，不管其新的名称是什么，零售的本质不会改变。

## 二、新零售+新物流

### （一）“新物流”的内涵

“新物流”是相对于传统物流而言的，从实质上来说，没有“新物流”，就不会有“新零售”和“新制造”；但作为“新零售”和“新制造”支撑的“新物流”，其内涵比传统物流更广泛，它不仅支撑“新零售”和“新制造”，也是国民经济的重要支柱，与零售业进入“新零售”时代相对应，物流行业也即将进入一个新时代。业界和学界近两年关于“新物流”的观点虽然各有不同，但也有一些共识，即“新物流”支撑“新零售”，必须以新技术和大数据作为驱动力。阿里研究院关于“新零售”给出的定义是“以消费者体验为中心的数据驱动的泛零售形态”，也有学者据此推导出“新物流”的含义应是“以货物流通为基础的数据连接技术推动的服务支持体系”，这些说法都有一定道理。但是，“新物流”作为一个全新的概念，还应包括更广泛的含义。本节所述“新物流”的内涵，主要是指新时代的新的物流体系，它是新时代供应链系统中的重要组成部分，具体是指基于互联网、人工智能、物联网、云计算、大数据（也包括小数据）、区块链等先进的信息技术，以新时代理念和思维为引导，将标的物从出发地运往目的地或消费者手中并与服务相结合的一系列过程。“新物流”注重公开、竞合、共享、协同，强调智慧、绿色、高效、安全。如某品牌有一项“新物流”服务叫“供应链关联”：作为该品牌的商家，若与供应商合作，并由供应商将库存直接发送到品牌的运营中心，此服务可让供应商利用有限的权限，通过供应链关联门户网站访问商家的货物；与此同时，与商家合作的制造商、货运代理和批发商都可以使用此服务，这样可以实现多方共享信息，简化运输流程，还可以即时跟踪货物运行轨迹。“新物流”的组成，不仅包括对传统物流的升级与重构，也包括对传统物流的破坏性创新及新的创造（更加注重顾客体验等），并不断地处于动态发展过程中。“新物流”既涉及国家政治和经济政策、环境、法律、科学技术、社会文化等宏观层面，也涉及企业自身的组织管理、物流系统具体运行、供应链渠道中上下游利益相关者的竞争与合作、与客户和终端消费者的连接等微观层面。“新物流”可以帮助消费者在方便的时间和地点，随时都可以买到自己需要的商品。

### （二）新零售和新物流的关系

新物流的数据属性可以走向与柔性生产相匹配的柔性物流乃至物物相连的“智慧物流”，新物流的服务属性可以走向与商品增值服务相对应的专业物流乃至基于物流、信息流、资金流“三流合一”基础上的“商物流”，当然作为物流的基础，“物的流通”始终是其根本。

正是这三维构建的立体系统，才能更好地由物流带来数据流并走向资金流。站在这个视角，“新物流”其实可以称为“生态物流”。未来的商业世界，将不再是企业和企业之间的竞争，而是生态系统与生态系统之间的竞争。

也正是这个“新物流”体系的建立，才能支持“新零售”的所谓“零售物种大爆发”，才有可能完成所谓的“新零售远景：任何时间、任何空间、任何主体、任何内容”。

### （三）新零售下新物流的发展趋势

**1. 大数据赋能**

线上交易提供的商品种类丰富，但从下单到消费者手中通常需要 3～5 天的时间；线下交易具有即时性的特点，消费者付款后能当即得到商品，但线下零售店受制于店铺面积和经营成本，能提供的商品品类数量有限。新零售希望通过线上线下融合，既能让消费者“买到”商品，又能快速“得到”商品，这就需要大数据赋能。大数据技术能够获得消费者购买历史、购买偏好、购买金额等方面的海量数据，通过深入分析便可以预测该消费者的购买行为，提前将商品运输到离消费者较近的仓库、站点，一旦消费者下单，便可将商品快速配送到消费者手中。

**2. 干线运输、末端配送的深度融合**

线下交易有良好的购物体验，但商品从生产商到批发商、代理商、加盟商、门店，最后到消费者手中的这一链条中，交易成本较高，而这些交易成本终将由消费者埋单。而纯线上交易的交易链条比线下交易短，交易成本更低，消费者可以以相对低廉的价格买到商品，但线上交易缺乏良好的购物体验。新零售模式下，中间环节减少，从而降低交易成本。门店作为终端，通过各种场景设置向消费者提供良好的购物体验，消费者体验之后，感觉商品不错，就会下单。有的门店卖货，消费者可以直接提货；有的门店只是体验店，消费者下单后商品要从制造商仓储系统通过干线运输运至门店，再由门店配送至消费者手中，也可利用算法进行路径优化，绕过门店环节，减少物流中间节点，将干线运输、末端配送进行深度融合，直接将货送至消费者手中。

### 3. 即时物流助力提升终极消费体验

新零售模式下，门店作为物流末端节点，同城订单量将会激增，即时物流在支持新零售方面将会大有作为。根据艾瑞咨询《2019 年中国即时物流行业研究报告》的数据，2018 年中国即时配送订单量达到 134. 4 亿单，预计 2020 年将达到 243. 7 亿单。即时物流由外卖 O2O 起家，但外卖市场逐渐饱和，很多即时物流企业将其服务范围逐渐瞄准新零售领域。新零售以消费者体验为核心，新物流各环节的设计都需为新零售供应链各环节服务，而即时物流能满足消费者随时随地的即时需求，正好弥补了新零售末端供应链缺失的不足。但我们也要意识到，即时物流质量的好坏将直接关系到消费者满意度。很多即时物流企业靠资本起家，运作模式不够成熟，配送效率较低；一些骑手素质较低，缺乏制度约束。因此，如何利用算法匹配订单与骑手，快速准确地送达货物，并制定有效的机制向消费者提供极致的物流服务是即时物流的重点。

### 4. 新物流可以真正实现供应链零库存

传统交易模式下整个供应链库存水平偏高，从而加重了企业的经营成本。在“互联网 +”和大数据的支持下，新零售打通了线上与线下，新物流则打通了供应链的上游、中游和下游，真正实现了供应链上各企业的信息共享和协同运作，获得精确数据和信息，从而合理地规划生产、仓储和销售，减少了物流中转环节，实现了货物永远跑在路上、不在仓库里存放的目标，高效、顺畅的新物流体系将会在实现顾客最大满意度的基础上保证供应链的零库存。

### 5. 新物流必定是智慧物流

新零售是智慧零售，它利用大数据、云计算精准了解了消费者的需求，新零售下的实体门店是智慧门店，新零售通过智慧门店接触消费者，有效解决了传统交易和纯电商交易的缺陷，但这种智慧零售的实现需要智慧物流的支撑。条码技术、RFID、GPS、GIS、物联网、传感器技术等将物流技术帮助物流系统从供应链源头就对商品实施跟踪定位管理，从而“物”的整个“流动”过程变得更加透明，这将有利于企业以更高的效率、更低的成本、更优质的服务将商品送达消费者手中。新物流必定是智慧物流，但新物流并不等同于智慧物流。智慧物流更多是指物流手段上的智慧化、智能化，新物流不仅有先进的、智能的物流技术和互联网支撑，更要有创新的服务理念，即如何更好地服务供应链链条上的各个企业和最终消费者。

#### 6. 新物流反哺新零售

新零售强调线上线下相结合，通过多渠道的购物场景高效率地满足消费者不断升级的个性化需求。这种零售模式自然对物流系统提出了新的要求，传统物流的低效率无法满足新零售的需求，只有新物流才能支撑新零售的发展。反之，物流系统通过技术升级、理念提升、改变模式，使得物流各功能系统之间不再是条块分割、点线连接、效率低下，而是协同运作、网络布局、智能思考，可以为供应链上的企业提供更低的成本、更高的效率，为消费者提供更优质的服务，促进了新零售的发展。因此，我们可以得出这样一个结论：新零售促进新物流，新物流反哺新零售。

## 三、新零售商品流通流程

传统零售流通作业的目的是将客户所订货物送到客户手中，其流通作业流程主要包括进货、进货检验、分拣、储存、拣选、包装、分类、组配、装货及送货等。企业根据市场运作情况（主要是客户订单等）进行相应的库存管理操作，如有原材料缺货，则需要进行采购，从制造商、供应商处进货并进行相应的进货验收工作，然后进入储存管理环节，包括分拣、储存、拣选，再根据订单信息进行出货管理，包括包装、分类、组配、装货及配送等。这些活动同时伴随着财务管理活动。

电子零售的流通作业流程同普通零售基本一致，因为其目的同样是将客户所订货物送到客户手中，流程包括进货、进货检验、分拣、储存、拣选、包装、分类、组配、装货及送货等。两者的区别在于电子零售的每个订单都要送货上门，而且服务的区域更广，需要一定的网上信息查询服务，比传统零售的流通配送及信息技术的集成上要复杂一些。因此，电子零售的流通成本更高，其配送路线的规划、配送日程的调度、配送车辆的合理利用难度更大。企业商品流通的一般流程为：企业将商品信息通过网络展示给客户，客户通过浏览器访问网站，选择需要购买的商品，并填写订单；厂方通过订单确认客户，告之收费方法，同时通过网络了解企业自身货源情况，并将采购管理（进货、进货检验）、分拣、储存、拣选等流程通过自己的应用系统组织货源程序；客户通过电子结算与金融部门交互执行资金转移；金融部门通过电子邮件或其他方式通知买卖双方资金转移的结果；企业进行出货管理包装、分类、组配、装货及送货，最终将商品送到客户手中。

# 任务3　新零售商品流通管理

## 一、新零售采购管理

### （一）新零售采购概述

随着新经济时代的到来和“互联网+”的广泛应用，企业的变革发展也需要与时俱进，传统采购管理已经越来越跟不上企业变革的步伐，取而代之的是新零售采购的广泛应用。

陈普青认为，从广义上讲，新零售采购是指企业组织使用互联网平台进行的几乎全部的采购管理活动，即从采购计划的制定、产品供应商的选择、与供应商之间议价、支付并开产品发票、物流送货、在线商品管理及价格的调控等各个环节均依托互联网完成。这种模式实际上是将交易过程中的资金流、商流和信息流全通过互联网来实现。在徐晓雨、朱道立看来，新零售采购在企业推进电子商务战略中占有举足轻重的地位，而且是B2B模式中市场覆盖面最广的一个部分，它能使产品供应链通过互联网平台共享全球化网络。乔威认为新零售采购建立了供应链环节中多个节点组织之间的联系，可以使每个节点组织以较低成本融入各地的采购供应链，使企业间可以不受时间和空间限制，自由地进行网上交易。

“互联网+”战略计划的提出，对我国传统模式下的采购思维和采购行为产生冲击和带来变革，因其极大地集合了供应链各个环节中的企业，使得互联网模式下的电子采购得到广泛发展，推动着采购管理向着供应链管理发展。总之，新零售采购管理模式最大的优势就在于可以通过“互联网+”的大数据技术，为买家提供更多的供应商、减少采供双方间的冗长环节、降低纸张使用成本、提高采购效率，促使企业组织能够依据市场需求实施真正意义上的准时化生产，从而完善了市场活动周期。相比传统模式，新零售采购优势更为突出。目前，从新零售采购的技术发展趋势来看，在全面电子商务环境下，网络新零售采购模式将得到扩大应用。对传统行业而言，建立统一的新零售采购平台将成为首选趋势。

因此，对我国零售行业而言，在供应链管理中的一系列环节中，采购管理始终是最落后的一环，采购管理的落后将直接影响零售在采购中的价格、质量等，甚至导致企业经济效益的下降。因此，在零售供求需求不对称的情况下，采取新零售采购管理将是解决这一痛点的不二选择。

### （二）新零售采购的优势

新零售采购和一般的电子商务与传统的采购有本质上的区别，其不仅是单纯的采购，而是利用信息和网络技术对采购各个环节进行科学管理，能有效地控制成本，提高效率，增加效益。新零售采购是一个全新的商业模式，可以不见面通过网络就能达成协议，实现商业交易。新零售采购的优势如下。

**1. 节约成本**

新零售采购能为企业节省大量成本，比如说传统采购费用是150元，那新零售采购就能将费用减低到30元，新零售采购能为企业节省很多成本。

**2. 提高效率**

缩短了采购周期，新零售采购自采购方企业竞价采购项目正式开始至竞价结束，一般只需要1～2周，比传统招标采购节省30%～60%的时间。

**3. 减少库存**

有案例证明，企业在使用新零售采购之后，采购成本下降，库存面积减少一半，库存资金降低，库存资金周转周期也同期下降。

**4. 优化流程**

新零售采购依据科学的方法来设计采购流程，使其更利于企业的发展。

**5. 信息共享**

生产企业和供应商可以共享信息，可以查询相关的采购信息，有利于买卖双方更好地达成交易。

#### 6. 供应商获益

供应商可以通过新零售采购更加了解市场，增加更多与采购商联系的机会，获得更多的贸易机会。

## 二、新零售销售管理

### （一）新零售销售管理的变化

商品销售是商品流通的最后一个环节，也是零售企业与顾客直接接触的环节，商品销售管理水平的提高是顾客可以直接感受到的，对提高顾客满意度和维护顾客忠诚度可以产生直接影响。因此，在新零售时代背景下，对商品销售管理进行创新是十分必要的。其创新主要有以下几方面。

#### 1. 自有品牌的开发

自有品牌的建立是指由零售企业开发制造商品。在销售过程中，零售企业对顾客需求有着及时透彻的了解，但是一些供应商提供的商品并不能满足某些顾客群体的要求，相对于供应商，零售企业更懂得顾客需要什么样的商品。因此，零售企业完全可以利用了解顾客这一优势，创建自己的品牌，生产更能满足顾客价值主张的商品，而且创建自有品牌比从供应商处进货的成本更低，这给企业带来很多好处。一方面，物美价廉的商品增加了企业的忠实顾客，提升了企业在顾客心中的形象，并且能进一步吸引更多顾客；另一方面，零售企业不会遇到在商品展示、促销和定价方面的限制，可以更好地控制商品的成本。

#### 2. 实行线上线下同时销售

由于电子商务的发展，传统零售企业受到了强烈冲击，在未来的发展中，传统零售企业可以考虑采用线上线下同时销售的方式。通过对顾客购买行为、商品销售情况等交易数据的分析，将部分商品转移到线上销售，这样既节省了店铺内部的空间，又减少了商品的流通、管理和损耗等产生的费用。实行线上线下同时销售，可以更好地满足顾客对购物便利性的要求，顾客可以不受时间和空间的限制，通过网络购买部分所需商品。

#### 3. 新型促销方式的开展

目前大多数零售企业依靠的仍然是打折的促销方式，随着技术的发展，企业可以将新技术应用到店铺促销当中，无线射频识别标签就是其中一种。零售企业可以将无线射频识别标签读取器安装到购物车上，在顾客购买商品时，这种读取器能够显示出顾客购买商品的数量、顾客过去购买商品的记录，在多次购买的情况下提供适当的折扣。这种无线射频识别系统还可以将购物的总金额进行累加，为顾客提供了便利，企业服务质量也得到提升，从而使店铺促销活动可以更有效地进行。另外，针对线上销售的促销方式也有很多种。企业可以利用互联网技术在网页上做促销广告，并推出各种促销活动，这样可以非常直观地向顾客展示活动内容。尤其是在推销新产品和开拓新市场时，企业可以通过网购享受优惠的方式，吸引更多顾客，并且能得到更直接的反馈。

### （二）实现新零售销售管理的路径

#### 1. 通过大数据技术，建设数据共享中心

零售企业为了更好地应对当前零售行业消费市场的新变化，很多企业陆陆续续开发了新的业务系统，如一些石油企业开展了缴费、加油卡、发票管理和用户服务等业务系统，这些系统主要是通过互联网技术，运用大数据等手段将顾客的一些数据进行收集和管理。但是，因为不同的加油站之间的服务位置、服务的系统不是相互一致的，这种情况导致了不同加油站之间的服务是分别独立的，并不能形成比较好的共享情况。所以，为了解决这种情况，打造更加完善的数据产业链，这些加油站之间应该建设一个数据共享中心，以此便利对客户的管理和销售。

#### 2. 以客户的需求为基准，实行多元化销售定位

作为销售行业，最重要的应该以客户的需求为基准，拓宽销售的业务和营销的手段。目前，应该通过发达的信息技术，将客户的服务需求与反馈的信息作为销售策略出发的基准。所以，应该从以下两个方面着手。一方面，要搞清楚用户多元化的需求，准确地定位客户的需求，将不同类型的客户仔细划分，为不同层次、不同领域的客户提供具有针对性的服务和销售相关联的产品。另一方面，扩宽营销地位，针对不同区域、不同环境的站点实行符合各自实际情况的营销规划。例如，石油零售企业可以在城市中心的站点联合洗车行等开展一些促销的活动，实行加满一定额度的油免费洗车；在靠近高速公路的加油站点，可以联合酒店、饭店等发放优惠券，来刺激消费。

**3. 重构内部架构，提高工作效率**

目前，由于受到业务生态边界逐渐模糊化以及组织水平的边界弱化等因素的影响，内部的架构应该重新构建，打破部门之间的壁垒，加强人才的流动和组合。具体表现为：首先，应该在一些机构强化互联网的专业人才的引进和补充；其次，建立一个 App 线上业务推广的团队，让他们在线上将产品进行推销和介绍；最后，要将管理团队多元化，跨部门、跨领域的人才要大量组合，要注重加强协调和提高效率。

**4. 将线上线下销售高度融合，发挥品牌效应**

在“互联网＋”的背景下，销售商品是最终目的。在线上，可以通过微信这个平台，开发公众号积攒人气，还可以建立不同的微信群，将线下的商品引流到客户端，线下再采取地推营销模式。还可以利用扫码购、电子券等现代手段，开展线上线下消费抽奖、买赠礼品或折扣优惠、加设会员积分等的方式来引导和培养客户的消费习惯。另外，可以建立属于自己的便利店，可以通过便利店里的商品来刺激消费。通过这样的 O2O 模式，一方面，可以充分发挥出线下优势，另一方面，可以很好地切入背后的市场，拓宽时间和空间，大量地整合一些资源，给自己很好的品牌定位，最终发挥品牌效应。

## 三、新零售物流管理

### （一）新零售对物流配送的影响

**1. 对配送节点的影响**

传统的电商物流配送的配送节点从中心仓到城市配送中心再到距离消费者较近的自提柜或社区门店。虽然配送模式已较为成熟，但是对于产品来说，配送的距离越短，越能保证产品的质量。因此，减少配送节点将极大缩短配送时间，提高配送效率。在新零售的背景下，盒马鲜生的仓店一体化体验店，以体验店为中心进行配送，负责半径三千米内的配送；每日优鲜在社区建立前置仓，从前置仓直接配送。两者都减少了配送节点，提高了配送效率，这些模式值得我们借鉴。同时，配送节点的功能也将随着新零售的发展不断改进，为了更好地提升消费者的体验，配送节点不仅仅是单一的仓储和配送功能，打造仓店一体化的体验店也是新零售的发展方向。

### 2. 对备货仓储的影响

电商以往的商品备货是凭经验备货，在这种备货方式下，如果顾客需求量少于备货量，会使产品积压造从而成极大损耗；反之如果顾客需求量增大，便会出现缺货现象，不能及时为顾客配送商品。在新零售背景下运用大数据，分析预测顾客的需求量，对备货做出合理规划，科学地进行备货不仅满足了消费者的需求，更能为企业降低成本，避免不必要的浪费。在仓储的设计上，以往会用一个大的中心仓将货物集中堆放，大量的货物积压会造成资源信息不对称，不便于合理的分拣打包整理，加大了货物分拣的工作量，在新零售的推动下，采用分布式存储的方式，通过合理布局、科学预测构建分布式仓储网，让货品离消费者更近，可以更为安全高效地将货物送达消费者手中。

### 3. 对分拣配货的影响

分拣配货目前主要还是人工分拣，人工配货效率极低并且浪费成本。随着物流行业配送范围迅速扩展，无论从包裹的数量还是货物量，人工分拣已然拖了配送效率的后腿。完善的基础设备是物流企业发展的根基，新的技术已经逐渐开始普及，为了使物流企业具有弹性的分拣系统，更加灵活高效。新零售背景下采用机器人与自动化分拣。在搬运、上架、分拣等环节上，货架穿梭车和分拣机器人等机器与自动化技术随处可见。应用条码技术、电子标签或传感技术进行智能分拣和自动分配，方便二次标识和二次包装，以节省人力。理货完成后，对整个货车及其所配货物分别讲行打码、扫码，信息上传至信息平台，实现相关数据的同步与更新。减少了人工成本，提高了分拣效率，减少失误。

### 4. 对配装运输的影响

新零售背景下配送运输加入了智能化管理。在运输准备管理中，根据订单信息确立运输计划，优化运输路线，协调运力分配，确定好车辆先后顺序，还应考虑车辆状况、司机管理和货物属性等因素，实现运输车辆的智能调度。在运输过程管理中依靠物流运输管理系统（TMS）以及货箱射频识别技术等，追踪货物和车辆的信息，实现实时刷新和在线查询功能，以便于预测送达时间、随时向司机传达指令和监控货物运输状况，并可以应对突发状况，避免出现差错。对于产品的温度和在途状态也需要进行实时感知，反馈给系统平台，相关人员根据货物状态做出相应处理，确保货物的质量与安全。在运输结束管理中，利用扫描技术对货物进行电子确认，进行信息比对，并实时更新系统数据和支付结果记录。

**5. 对配送服务的影响**

顾客对产品的配送提出了新的要求，对产品的安全可追溯、配送的效率和新鲜度等都有了更高的要求。要做到全程可追溯，以生鲜产品为例，无论是包装、分拣、运输等环节产生的信息还是生产商、加工商、配送企业等信息都能通过电子标签扫描从数据库中查看。解决消费者对生鲜产品的不信任，以及保障生鲜产品的品质，给消费者提供一个安心的购物环境。同时要认清顾客需求差异，提供个性化、定制化的产品和服务，以顾客的需求为核心，通过数字化、智能化灵活处理配送地点、配送时间、配送方式，不断提升配送服务质量，将产品更快、更安全、更新鲜地送到消费者手中。这样才能适应新零售背景下生鲜物流企业的发展趋势。

## （二）新零售物流管理

**1. 数据技术驱动模式运行**

数据技术串联零售始终，打通线上线下提高零售效率。大数据、云计算、移动互联网等技术驱动新零售背景下产品物流配送模式运行。以大数据为例，距离消费者最近的地方往往最先产生消费变革，要做到以消费者为核心的原则，对消费者的数据收集和大数据的分析运用是必不可少的，这是因为新零售的基础就是数据，大数据是新零售的驱动力，只有提升对数据的获取和运用能力，企业才能不断创新发展。而大数据的运用又离不开网络设施的完善，建立健全网络基础设施是进行大数据分析的第一步。除了大数据、云计算、物联网等，新兴的区块链技术同样促进了新零售的发展，进一步为新零售提供了业务流程的优化，降低成本，提高效率。区块链还可以为零售提供诚信保障并且追溯产品来源，使信息更加透明化。

**2. 打造多级仓配网络体系**

为了提高配送效率，新零售背景下的配送模式趋势为多级仓配网络体系。打造多级分仓系统，少量仓库难以实现有效的配送，势必需要形成多级分仓体系。各个仓配中心达到网状协同，实现共享，使商品响应订单的速度达到最快。多家仓储重点是末端仓储也可以理解为前置仓，只有离消费者越近布局越科学合理的仓库，物流才能更加安全高效，打造前置仓布局成为新零售的发展方向之一。打造分级配送，以顾客的需求为目标，根据信息系统对商品做出分类并做好运输路线的规划，提高配送效率。同时针对不同情况，采取不同的配送方案进行配送，实现最大优化。针对消费者的特点需求选择配送，是新零售背景下大数据的应用体现，分级仓储必然配备分级配送，多层次、多方位地为消费者带来新零售体验。

3. 线上线下物流深度融合

线上线下物流深度融合，体现在商品和物流渠道的整合上。线下实体店不断地开拓线上渠道，线上电商也在向线下渠道发展，两者之间彼此展开合作实现优势互补达成共赢，在物流配送方面实现了线上订货线下取货，线下订货线上发货，做到了统一与协调发展。区别于O2O模式，新零售不是简单的两者相加，而是打破了原有的边界，构建出一个良性循环的全渠道商品和物流配送网络，将会极大提升消费者的体验。新零售将线下的流量通过智能化网络设备引到线上，相应线上成熟的订单处理和物流配送系统也为线下带来方便，使线下成本库存减少。

4. 消费者为核心的服务本质

新零售重点在于以消费者为核心的服务本质，具有全渠道和多形式的特点。注重消费者需求的满足，采用各种创新方式与方法不断满足消费者对新零售的要求，提高对消费者个性化的服务水平，针对不同消费者，专门制定相应的方案，形成差异化的服务。增强消费者的体验，使消费者更加具有代入感，提供更广范围内的体验式消费服务，实现消费场景化，才能让消费者真正对商品放心、满意。消费场景化是新零售最主要的发展方向，也是顾客未来需求的发展方向。线上电商与线下实体零售体验相结合，并不断努力实现消费场景化，如在消费者密集区域可以建立集购物、餐饮、娱乐为一体的体验店，总之要体现以消费者为核心的服务本质。只有不断提高对消费者的服务，才能增加顾客黏性，才能提高行业竞争力。

## 四、新零售信息管理

新零售信息管理包括六个方面：信息收集、信息传输、信息存储、信息处理、信息维护和信息使用。

一个完善的新零售信息管理有以下四个标准：明确的信息需求、信息收集、信息处理、通过程序为管理者提供信息管理。

统一规划的数据库是新零售信息管理成熟的重要标志，新零售信息管理是软件工程的产物。新零售信息管理是一门跨学科的综合性系统，其组成部分包括计算机学科（网络通信、数据库、计算机语言等）、数学（统计学、运筹学、线性规划等）、管理、模拟等。

新零售信息管理的主要功能包括：项目开发管理、任务管理、招投标业务管理、成本咨询业务管理、工程咨询业务管理、进口代理业务管理、合同管理、财务管理、档案管理、统计报表、项目在线注册、甲方功能管理、办公自动化、系统设置等。

新零售信息管理的主要特点如下。

**1. 面向管理的决策支持**

新零售信息管理是继管理科学的思维方法和管理决策的行为理论之后的一个重要发展。它通过定量方法、预测和计划优化来支持管理、调节和控制。为了服务于管理决策，我们必须能够根据管理需要及时提供必要的信息来帮助决策者做出决策。

**2. 全面性、交叉性和边缘性**

新零售信息管理是对组织进行全面管理的综合系统。它体现在三个方面：跨学科、多种人才的结合、软硬件的集成。

**3. 预测和控制能力**

新零售信息管理使用数学模型，如运筹学模型和数学统计模型，来分析数据和信息，以便预测未来和提供决策支持。

**4. 人机系统**

在任何系统中，人始终是管理系统建设的主体，涉及许多人员群体。因此，新零售信息管理也是一个人机系统。

各级管理人员既是系统的用户又是系统的组成部分。因此，根据这一特点，他们应该正确定义人和计算机在系统中的地位和作用，充分发挥各自的优势，使系统的整体性能达到最优。新零售信息管理对新零售的发展有重要作用，能够让新零售的发展走得更远。

## 复习思考题

1. 我国的零售业发展有哪些特征？
2. 我国的零售业发展主体有哪些？
3. 新零售和新物流之间的关系是什么？
4. 新零售商品流通管理包含了哪些内容？

# 项目八　流通政策

## 思维导图

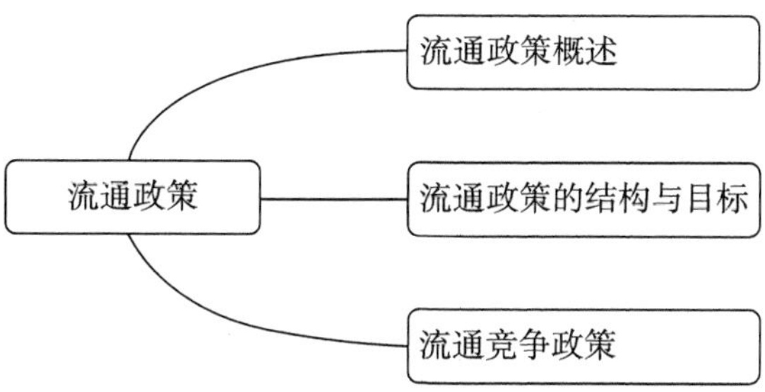


## 学习目标

1. 了解流通政策的概念及为什么需要流通政策；
2. 了解流通政策的结构与目标；
3. 能够运用流通竞争政策。

## 任务1　流通政策概述

### 一、流通政策的概念

由于市场失灵的存在，政府需要运用“看不见的手”干预经济生活。流通政策就是针对流通领域的市场失败而进行的公共介入，即以流通过程为对象，政府利用行政权力对商品流通过程包括流通组织、流通活动、流通机构的介入干涉基本方针以及依此建立的手段体系。理解流通政策需要辨析其与相似概念的差异。一是商业政策。商业政策是针对商业的经济政策，其适用对象主体是商业。商业政策与商品流通政策不同，首先，商业政策是商品流通政策的一个部分，商品流通政策的对象不仅包括商业企业的活动，而且还包括生产企业与消费者的购销活动；其次，商业政策是对经济的个别部门或行业的干预，而商品流通政策则是对构成总体经济中的流通领域的干预；最后，商业政策是针对国民经济中个别部门或行业的，它不包括对外商业（外贸），而商品流通政策却包括国际流通。二是市场政策。市场政策也是商品流通政策的一部分。市场政策是为了保证市场功能正常发挥而对市场进行的干预。狭义的市场政策的对象包括零售市场、批发市场（农贸、集贸市场）、商品及证券交易所等。三是流通产业政策。流通产业政策调整和作用的对象主要是流通产业。而流通产业是指“专门以商品流通为经营（活动）内容的营利性事业”，因此，流通产业政策调整和作用的对象是专门的或产业化的流通机构的购销活动，而不包括生产者的购销活动及消费者的购销活动。与此不同，商品流通政策的外延则要比流通产业政策宽泛，它既包括流通产业政策，又包括针对流通中的其他主体——生产者与消费者的政策。

根据商品流通政策的定义，可将商品流通政策的属性进行如下概括。

第一，商品流通政策是社会公共机构对社会商品流通活动的一种公开介入和干预，因此，是一种公共政策而非私人政策，具有公共物品的性质。第二，商品流通政策体现的是社会公共机构的价值判断或意志。这说明商品流通政策是“主观的”，商品流通政策是“左”还是“右”，是“多”还是“少”，完全取决于社会公共机构的价值判断。第三，商品流通政策包含着自动变迁的机制或者说具有动态可变性。既然商品流通政策体现的是社会公共机构的意志，而不是个别商品流通部门或机构的意志，这就意味着现实的商品流通政策有可能与某个具体的商品流通部门或机构的意志及其行为发生冲突，而这种冲突是商品流通政策变迁的重要诱因。第四，商品流通政策所指涉的对象是整个商品流通过程，因此，既有针对专业化商品流通部门的政策，也有针对非专业化流通部门，即生产者或消费者的政策；既有法律法规等强制性政策，也有行政“指导”或“劝告”等非强制性政策，这就是说商品流通政策是一个自成体系的系统，具有系统性。

按流通政策主体分类可将流通政策划分为立法机构制定的政策和行政机构制定的政策。前者可称“流通法律政策”，后者可称“流通行政政策”。流通法律政策包括两个层次：一是针对整个经济社会的，进而也适用于流通领域的“法律政策”，如《中华人民共和国反垄断法》《中华人民共和国商标法》《中华人民共和国公司法》《中华人民共和国反不正当竞争法》，等等；二是针对流通领域的“法律政策”，如《期货交易管理条例》《批发市场管理办法》《中华人民共和国拍卖法》，等等。流通行政政策是指流通行政管理机构制定的政策，包括有关流通的各种条例、命令、指示、指导或劝告等。按流通政策适用对象分类可将商品流通政策划分为生产者流通政策、商业者流通政策和消费者流通政策。生产者流通政策是指针对生产者流通行为的流通政策，如制造商的直销或销售代理政策、农业合作社或供销合作社政策、产品安全政策、质量保证政策等。商业者流通政策是指针对专业化的流通机构及其行为的流通政策，如大型零售商业政策、中小商业政策、商业街政策、购物中心政策、商业业态政策、连锁商业政策等。消费者流通政策是指针对消费者流通行为的流通政策，如消费者权益保护政策、消费合作社政策等。按商品流通政策功能分类可将流通政策划分为矫正市场失败政策和促进商品流通发展政策。矫正“市场失败”政策的主要功能是为了矫正“市场失败”，主要包括流通稳定政策、流通竞争政策、流通财政政策、流通信息政策、流通福利政策和流通金融政策。促进商品流通发展的政策主要包括：①商业组织化政策，如连锁商业政策、流通企业集团政策、综合商社政策等；②商品流通基础设施投资建设政策，如有形商品市场建设政策、物流设施建设政策等；③商品流通信息系统的开发、推广政策，如 POS（销售终端）、EOS（电子订货系统）、EDI（电子数据交换）等信息系统的开发与推广政策等；④流通人才政策及流通领域的对外开放政策等。

## 二、为什么需要流通政策

目前影响流通的一些不利因素还客观存在，这需要通过制订合理的发展规划来不断调整和完善，这既是市场需求发展变化的需要，也是整个国家流通体制改革的需要，更是发展整个社会流通生产力的需要。任何市场经济发达的国家都有相对完备的流通政策，它是在不损害市场机制作用的前提下，既可以对整个市场经济的建立和完善起到有力的推动作用，也能为行业自身效率的提升起到基础性的保障作用，因此研究流通政策的必要性时首先需要从流通的相关政策措施入手。流通政策既是针对流通环节和流通部门存在的问题而提出的改进措施，同时又是一项综合性、协调性和引导性的商业政策和市场政策。政策研究的驱动力一方面来自外部经济环境，即随着市场经济的不断发展和流通地位的逐步上升，流通政策的先导性和规范性的地位和作用正逐步得到强化；另一方面的驱动力来自行业内部的变革，随着宏观行业管理制度的调整和完善，新的分工模式、政策倾向和行业发展方式正得到梳理和强化，在流通体系发生深刻变化的时代中，相应的流通政策也必然要适应这种结构调整和产业升级，其在引导生产、调节消费和发生积极的社会功用中的地位与作用也在不断增强，这些变化也必然会对流通政策的理论和实践提出了更高的要求。从现实角度来看，研究的必要性主要体现在政策因素是市场变化的主要推动力，其中流通环节的政策仍是直接或者间接影响生产和消费的最重要的决定因素。从现有的政策成果来看，我国流通领域的管理政策大多集中在产品流通环节，即从生产到消费的中间环节，这从侧面反映出中间环节的政策协调难度相对较大。因此要想实现“价格低廉、安全有效”的目标，需要在产品相关制度以外的更大的政策框架内建立起联动性的协作机制，尤其是要针对产品管理最薄弱的流通环节进行更为全面和有效的政策干预，才有可能实现政策匹配和彼此之间福利水平的提升。从而促进产业的健康有序发展，这也将有助于实现持续、均衡发展的社会理念。在市场体制改革和流通体系改造升级的历史时期，由基本市场制度所引发的一系列产品供应及政府监管问题又大量涌现，传统的调控和抑制型的产品交易和行业监管政策与新的市场运行体制不相适应，并且这种不适应已经在局部地区引发了较激烈的政策抵触。这说明管理对象和市场行为的变化需要有全新的管理政策进行匹配，只有通过适时推出更有针对性的经济政策，才能在保证市场制度稳步运行的同时，促进实体经济的健康发展，从而有利于整个产品流通环境和流通秩序的井然有序。

## 任务2　流通政策的结构与目标

### 一、流通政策的结构

流通政策由流通竞争政策、流通调整政策、流通振兴政策组成，具体来说，流通竞争政策包括以下几方面。一是反垄断及反不正当竞争政策。从国外情况来看，反垄断与反不正当竞争政策是流通政策的基础或“内核”。世界主要市场经济国家都有“反垄断法”与“反不正当竞争法”，流通领域的反垄断与反不正当竞争政策是根据以上法律制定的。随着我国“反垄断法”的颁布，流通领域的反垄断与反不正当竞争政策也必将更加规范与完善，其主要内容除“反垄断法”中适用于流通领域的有关内容外，还涉及禁止不正当的交易限制、禁止不公平交易（搭售配售、访问销售、有奖促销）等。二是大型零售店铺规制政策。该项政策是针对流通领域的专门政策，其宗旨是调整大型流通企业与中小流通企业的生存与发展冲突，以及大型流通设施的规划、布局与区域（特别是城市）发展、环境保护之间的矛盾。近年来，随着大型外资与内资流通企业的快速发展，大型流通企业与中小流通企业的冲突与矛盾，以及大型流通设施对城市规划、环境的负面影响也日益突出，因此，对我国而言，制定大型零售店铺的规划政策已迫在眉睫，其主要内容至少应包括：大型店铺的选址与布局政策、大型店铺的听证与审批政策、大型店铺的附属设施建设政策（停车场与客货交通）、大型店铺的环境保护政策（噪声防治、废弃物回收），等等。三是特殊商品的流通政策。各国对特殊商品的理解与规定各不相同，但一般而言，特殊商品主要包括以下几类：需求弹性小或无弹性的商品，如粮食、食盐等；需求弹性大，财政贡献也大的商品，如酒类与烟草等；供给弹性小或无弹性且单位价值较高的商品，如文物、珠宝、黄金等；对人身及社会安全有直接威胁的商品，如药品、武器、易燃易爆品及其他含有害物质的商品；直接影响国民经济正常运行甚至影响国家经济安全的商品，如石油及其制品、煤炭等。各国对这些特殊商品的生产与流通都有不同程度的限制，制定了相应的特殊商品流通政策，我国也应该根据特殊商品的生产与流通特点，制定一系列的特殊商品流通政策，如烟酒专卖政策、粮食及农产品流通政策、石油及其制品流通政策、药品与出版物流通政策，等等。

流通调整政策包括以下内容。一是流通基础设施建设政策。流通基础设施的规模、结构与质量，直接影响流通的效率，而且又具有“公共物品”的性质，因此，世界各国都十分重视流通基础设施的规划与建设，并制定了一系列的政策措施以保证流通基础设施的建设能够适应流通发展的需要。我国在流通基础设施建设方面的历史欠账更多，其已成为流通发展的重要瓶颈，因此，更需要制定科学的流通基础设施建设政策，以促进流通基础设施的建设适应流通及国民经济的快速发展。就我国而言，该项政策至少应包括流通网点（特别是批发市场）规划与建设政策、物流设施（港口、机场、车站、铁路与公路、物流中心、配送中心、物流园区）规划与建设政策等。二是流通现代化政策。流通现代化是经济与社会现代化的重要组成部分，没有流通现代化也就没有经济与社会的现代化。但流通现代化又是一个动态的概念，经济与社会发展阶段不同，流通现代化的内涵与形式也不同。就现代阶段而言，信息（电子）化，以及以此为基础的智能化是流通现代化的基本标志，因此，流通现代化的前提也就是流通信息化。为此，应该制定一系列政策，以加快流通信息化的建设进程。然而，由于标准化又是信息化的前提，因此，要加快信息化进程，还必须加快流通标准化的进程。可见，流通现代化政策的设计至少应围绕两个主题，即流通（商流、物流、信息流）标准化和流通信息化来展开。三是流通组织化政策。流通组织化主要包括流通产业化，以及流通企业的规模化与合作化经营。从国外的经验来看，流通产业化程度越高，整个社会的流通效率也越高，从而不仅可以节约资源、降低消耗，而且也有利于环境的改善。流通产业化程度高低的重要标志是专业化流通企业所提供的流通服务市场占有率的高低。就我国的情况而言，专业化流通服务，特别是专业化物流服务的市场占有率还不高，因此，应该制定促进专业化流通发展的有关政策，具体包括鼓励流通服务需求者（工商企业）扩大流通服务需求的外包比例，减少自有流通设施与工具的拥有量；鼓励并支持专业化流通企业提高流通服务水平，加快专业化流通企业的发展等政策措施。同时，制定并完善促进流通企业的连锁经营政策、流通企业集团政策、流通合作化政策等。

流通振兴政策包括以下内容。一是流通国际化政策。流通国际化是世界经济一体化的必然结果，我国加入世界贸易组织之后，特别是2004年12月11日全面取消外资流通企业进入中国市场的各种限制以后，我国流通企业的国际化进程进一步加快，国际化程度也进一步提高。因此，如何应对流通领域的国际化是我国政府与企业共同面临的重要课题。为有效规范外资流通企业在中国市场的经营行为，维护公平、公正的市场流通秩序，促进中外流通企业在中国市场上的协调发展，必须在世界贸易组织的规则下，根据我国的实际情况制定相应的流通国际化政策。由于流通国际化包括“内向国际化”与“外向国际化”（本土流通企业的海外经营），因此，流通国际化政策也应该围绕外资流通企业的中国市场进入及其竞争行为的规范，以及中资流通企业海外或跨国经营的鼓励与支持等方面来设计。二是城市商业街改造、振兴及中小型流通企业的扶持政策。国内外的经验表明，城市商业街不仅具有流通或商业功能，还具有重要的社会功能，因此，各国政府都很重视城市商业街的规划与建设，以完善城市功能，促进城市经济与社会的协调发展。特别是面对自20世纪

70 年代以来城市商业街的萧条，各国政府更是加大了城市商业街规划、改造与振兴的工作力度，制定了一系列旨在恢复、繁荣城市商业街的政策措施。与此同时，由于中小型流通企业的特殊社会功能，因此，各国政府对中小型流通企业的生存与发展也给予了特别关注，并制定了一系列旨在扶持中小型流通企业生存与发展的法律与行政措施。近年来，随着流通的发展，特别是大型流通企业及新型流通业态的发展，我国城市商业街与中小型流通企业也出现了与世界多数国家相类似的问题，因此，也需要制定相应的政策，如城市商业网点规划与建设政策、传统商业街改造与振兴政策、中小型流通企业的合作化与信息化政策、中小型流通企业主的社会保障与经营支持政策等，以促进我国城市商业街及中小型流通企业的健康发展。三是消费者保护政策。在市场经济条件下，各经济主体之间都存在着不同程度的信息不对称。例如，政府与企业之间存在着信息不对称、企业与企业之间存在着信息不对称、企业与消费者之间存在着信息不对称，等等。但在各种信息不对称中，企业与消费者之间的信息不对称是最严重的，特别是随着经济的发展和科学技术的不断进步，在信息资源的拥有上，消费者弱势地位日益明显。因此社会公共机构对消费者利益的保护不仅仅是道义上的需要，而且也是不断提高人类生存质量的需要。这就是各国制定消费者保护政策的基本动机与理念。从各国经验来看，消费者保护政策主要包括两个体系，一是有关保护消费者利益的法律体系，二是有关保护消费者利益的行政措施。我国的消费者保护政策也应该围绕这两个体系来构建。

## 二、流通政策的目标

流通政策目标包括两个层次：一是流通政策的一般目标；二是流通政策的特定目标。流通政策的一般目标也就是经济政策的基本目标。从总体上看，经济政策目标可以概括为四个方面，即经济发展、经济稳定、经济公正和经济自由。流通的基本职能是：传递供求信息、实现商品所有权转移、完成商品的实体分配、提供流通金融，等等。据此，我们可将商品流通政策的特定目标概括为：①完善流通的信息网络，如积极开发、推广 POS、EOS、EDI、VAN（网络系统）等商品流通信息系统；②培育健全的流通主体，如建立现代企业制度、禁止垄断、消除不公平交易及不合理的交易习惯、鼓励自由、公平竞争等；③提高流通效率，如完善物流基础设施、开发或引进物流技术、健全物流体制、促进流通主体的联合与协作等；④建立流通金融制度，支持商业信用，加速商品流通，稳定商品供给，降低商品价格等。应该说明的是，流通政策的上述特定目标实质上是对商品流通社会经济效率最大化的追求。为此，商品流通政策主体应该致力于：①通过商业部门的合理化、精简化，完善商品流通功能；②通过消除垄断，纠正不合理的交易关系和交易习惯，扩大消费者选择商品的范围；③鼓励价格竞争，降低价格水平；④调整商业结构，提高商业企业的效率。

# 任务3　流通竞争政策

## 流通竞争政策

### （一）流通竞争政策概述

#### 1. 流通竞争政策的概念

流通竞争政策是指为优化流通产业市场结构、规范流通竞争行为而采取的一系列相互联系的政策措施。维持公平、有效竞争的市场秩序，是国家重要的政策目标之一。流通竞争政策涉及反垄断政策、产业组织政策、中小企业扶持政策、市场进入政策等方面。简而言之，流通竞争政策是市场经济国家的一种经济政策，其目的是保护竞争，防止市场垄断。流通竞争政策对市场经济国家是非常重要的，因为与计划经济国家依靠中央计划配置资源的方式不同，市场经济国家是依靠市场机制和竞争机制来配置资源，推动国民经济的发展。具体地说，即要运用竞争的优胜劣汰机制，淘汰低效率的企业，剔除不合理的生产程序和劣质产品，促进资源的合理分配；要通过价格机制，改善市场的供求关系，满足人民生活的需要；并要运用竞争的激励机制，推动企业的技术革新，改善经营管理，努力降低成本和价格，实现以最少的投入获得最大的产出。

#### 2. 流通竞争政策的形式

一般认为，一国的流通竞争政策反映了国家在特定时期的经济目的。国家根据不同时期经济目的的需要，从不同角度规划其经济政策的导向和重点。例如，通过其产业政策、贸易政策、投资政策、技术政策、货币政策、财政政策、分配政策、环保政策来实现其不同的经济目的。无论哪一种政策均是用于规范社会基础市场经济运行与竞争而制定的政策，是一个国家最基本的经济政策。在现实世界中，有些国家的流通领域竞争政策主要是以法律形式体现的，虽然具体叫法不一。例如，在美国，竞争政策主要以反托拉斯法（Antitrust Law）体现，在日本则是反垄断法（Antimonopoly Law）。除了刚性的竞争法外，许多国家还运用多种政策手段或工具来达到保护竞争的目的，即实施广义上的流通竞争政策。霍克曼和赫尔姆斯（Hoekman and Holems，1999）指出，竞争法只是流通竞争政策的组成部分，流通竞争政策的内容更加广泛，它包括政府使用的用于决定支配市场竞争条件的一系列政策措施和工具，如国有企业私有化、放松管制、削减企业特殊补贴和减少歧视外国产品或外国厂商的政策等。各国流通竞争政策的实践也表明，在竞争法的范围之外，还有许多类型的政府法律和政策，也都在流通竞争政策的范围之内。

**3. 流通竞争政策的内容**

从最广泛的意义上讲，凡是与市场竞争有关的，或者能够影响一国国内或与其他国家间的竞争条件或竞争环境的所有政策，都属于流通竞争政策的范畴。但通常认为流通竞争政策是促进竞争而不是限制竞争的，因此一般是指市场经济国家为保护和促进市场竞争而实施的一项基本经济政策，其核心目标是通过保护和促进市场竞争，确保竞争机制在相关市场发挥作用，从而提高生产效率和资源配置效率，增加消费者福利。在市场经济条件下，流通竞争政策是一项基本的经济政策，因为市场经济是一种竞争性政策，竞争是市场经济的灵魂，是市场经济内在要求的基本制度原则，是评价其他经济政策的重要标准，而竞争不能是自发、盲目和无序的，这需要国家通过有效的竞争政策来引导和规范。基于此，经济学家提出了“促进和保护竞争应当是政府首要的经济职能”的命题。流通竞争政策的基础是通过约束各种反竞争的行为来保护和促进竞争性的市场结构与行为，从而使市场机制功能最大化。因此，尽管各个国家和地区的流通竞争政策在内容上有着较大的差异，但是其典型的规定都是为处理各种反竞争行为提供救济。这些反竞争行为包括固定价格或者其他卡特尔行为滥用市场支配地位或垄断行为、限制竞争的企业合并以及排除新竞争者进入市场的供应者与分销者之间的协议（纵向协议）等。这些实际上也正是竞争法或者反垄断法的核心内容，因为现代反垄断法的实体规范主要是由禁止联合限制竞争制度、禁止滥用市场支配地位制度、控制企业结合制度这三个最基本的方面组成的，其他的一些具体制度（如适用除外、豁免制度等）都是附属于这些基本制度或由这些基本制度派生出来的。当然，在许多国家，尤其是那些转型经济国家，还存在政府限制竞争即所谓的行政性垄断问题，这在一些国家也是通过竞争法或者反垄断法来解决的。

**4. 流通竞争政策的目标**

流通竞争政策以保护和促进市场竞争为基本宗旨和直接目的。在经济学上，竞争是指经济主体在市场上为实现自身经济利益和既定目标而不断进行的角逐过程。竞争作为伴随市场经济而存在的体制要求和体制现象，构成了市场经济体制的内在要素，市场经济运行过程自始至终表现为竞争过程。虽然不同国家、不同时期的流通竞争政策都以保护竞争为基本使命，但是它们各自所具体指代的含义及其所要达到的具体目标是不完全一致的。如果说各个领域的竞争法均以规范竞争行为、维护市场竞争的基本内容为其共有特征的话，那么，在保护竞争的名义下，其所保护的利益和实现的功能却各有不同，从而使其规范的内容、解释的适用表现出种种差异。例如，竞争法的保护竞争，可以是指保护公民的经济自由，并维护政治民主的经济基础；可以是保护竞争者，如中小企业，从而维持具体经济交往中的利益平衡；可以是指保护特定或不特定的消费者的利益；也可以纯粹是指保护竞争过程本身，从而确保市场机制发挥其资源高效配置作用和对生产效率的促进作用；还可以是指打破区域或市场之间资源流动壁垒，推动市场一体化向更广阔的方向发展，等等。总体而言，虽然各国的偏重不同，但是各国的流通竞争政策或多或少都包含以下三个基本目标：一是维护自由和公平的市场竞争机制；二是促进经济生产和配置效率的提高；三是最终增加消费者福利。

## （二）我国流通竞争政策构想

**1. 建立我国流通领域竞争政策的必要性和紧迫性**

（1）建立我国流通领域竞争政策的必要性。

国际经验显示，在现代竞争政策产生之初，反垄断性的市场结构就成为竞争政策的核心。围绕这一核心，禁止限制竞争行为、禁止垄断和控制合并这三个支柱构成了现代流通竞争政策的结构框架。竞争政策中的其他法律法规、条例和指南等都是在这个结构框架内对相关内容的补充。目前，中国市场上已经形成了国有企业、集体企业、民营企业、外国企业等多种形式的企业相互竞争的格局。纵观中国的改革历程，非国有经济成分在中国经济中所占的比例逐渐增强。随着中国加入世界贸易组织，外国企业在中国市场上的扩张更为迅速。中国各地区之间的市场分割和行政垄断现象，也阻碍了统一市场的形成，在这种情况下，为了培育和保证公平自由的市场竞争环境，中国政府必须加快构建竞争政策。在世界贸易组织主导全球贸易格局的形势下，健全的竞争法规是一国参与国际竞争的法律和制度基础。发达国家早已建立了比较完善的竞争法律制度，并在执法、司法方面积累了丰富的经验。因此，加强国际与国内竞争、竞争政策与竞争法的理论研究，无疑会促进我国竞争法的完善进程，通过借鉴国外竞争立法的经验，也有助于顺利地与世界贸易组织规则体系衔接，从而提高我国竞争法的立法质量。

（2）建立我国流通领域竞争政策的紧迫性。

只有尽快地完善中国流通领域竞争法律制度，才能为市场经济健康发展提供公平竞争的行为模式、有效竞争的市场结构，规制垄断势力、各类反竞争及不正当竞争行为，从而培育中国经济快速、持续发展的法律环境。当然，完善中国的流通竞争法律并非仅仅为了遏制外国垄断势力。不管是中国企业还是外国企业，国有企业还是私人企业，它们在市场竞争规则面前是平等的。然而，与国内一般企业相比，跨国公司因为在资金和技术方面占有明显的优势，有的甚至已经取得了市场支配地位，在这种情况下，通过完善竞争法为企业创造一个公平和自由的竞争环境，在一定程度上起到了保护民族工业的作用。同时，按照国际惯例，中国的流通竞争法律应当域外适用，其完善也有利于在国际竞争中维护中国企业的正当权益，保护它们市场准入的机会，提高中国在国际经济活动中的地位。无论出于维护国内的自由公平的竞争秩序还是为在国际经济交往中维护自己的利益，我国都需要尽快制定和实施流通领域竞争法律制度体系。这是在经济全球化和“入世”的背景下保护民族产业和国家经济安全、促进我国市场经济发展的一种重要的法律措施。当然，我国制定流通竞争法律的目的不仅包括对国企业在我国市场上的垄断行为进行规制，还包括为外国企业在我国市场的经营活动提供公平竞争环境。因此，流通竞争法律制度虽然能起到保护我国经济贸易利益的作用，但它不是单纯的贸易保护法，而是一种“公平贸易促进法”。必须尽快摒弃在这些问题上的一些误解和偏见，加快我国流通竞争政策的法律制度的出台。

### 2. 我国现阶段流通领域竞争政策的调整对象及目标

（1）我国流通竞争政策的调整对象。

流通竞争政策除了调整竞争关系外，还应调整国家对市场竞争的管理关系。所谓竞争关系又叫市场竞争关系，是指市场主体之间在竞争过程中形成的社会关系。其特点为：一是竞争关系只能发生于取得经营资格的平等的市场主体之间；二是竞争关系的发生以市场主体的自愿为前提；三是竞争关系必须以竞争为目的，也就是必须以争夺资金、技术、劳动力、产品价格等的市场占有额并借此获得更高利润为目的。其中，前两个特点是竞争关系区别于其他非市场关系包括竞争管理关系的特征，后一个特点则是区别竞争关系与其他市场关系的基本特征。竞争关系在市场关系中占有重要的地位。竞争不仅涉及生产、销售、消费等各个市场环节，而且也涉及市场的每个领域，诸如产品、劳务、资金、技术等方面，都存在竞争关系。在现代社会，除了法律规定准许国家垄断的极少数市场领域外，竞争活动和竞争关系无时不在、无处不在。与此同时，竞争关系也是竞争管理关系发生的前提条件，有了市场竞争关系，才有所谓的竞争管理关系，因此，竞争关系既是竞争政策调整的基本对象，也是竞争政策其他调整对象的基础。竞争政策对竞争关系的调整主要应通过下述方式实现：①用立法形式确认市场经济体制，创设平等、公平的竞争条件，保证市场主体的公平竞争；②确认和保护正当的竞争关系，保证竞争机制的运行与竞争功能的发挥；③宣布不正当竞争为非法行为，避免、限制竞争的消极作用；④禁止、取消非法垄断和各类限制竞争行为，为竞争开辟道路，扫清障碍。

竞争管理关系是指国家职能部门依照职权监督、管理市场竞争的过程中所形成的社会关系。竞争管理关系属于国家经济管理关系的一部分。与市场竞争关系不同，竞争管理关系在本质上属于国家行政管理关系的范畴，其主要特点有：一是竞争管理关系必须以具有管理职权的管理机关为一方当事人，即管理者只能是具有管理职权的管理机关，被管理者只能是市场主体；二是管理关系中双方的地位不平等，一方依法享有管理的权利，一方则依法承担接受管理的义务，管理者有权依法强制被管理者服从、执行其决定；三是管理不是为了直接参与竞争，而是为了保护公平竞争、限制或制裁已经发生的限制竞争、不正当竞争，从而实现竞争立法的目的，为公平竞争创造良好的外部条件；四是竞争管理关系的发生既不以市场主体的意志为转移，也不以管理机关的意志为转移。管理机关依法履行职权，同时也要依法履行义务；被管理者则必须依法接受管理，否则就要承担进一步的法律责任。竞争管理关系是国家干预市场经济的表现，在社会经济生活中具有重要的地位和作用。它关系到市场经济的运行安全和发展方向。我国的流通竞争政策对竞争管理关系的调整主要是通过下列方式实现：第一，确立监督管理体制，赋予管理部门管理职权，明确各级各地管理部门的职责分工；第二，规定监督管理的对象范围及方式；第三，明确管理所适用的实体法律依据；第四，确认市场主体在管理关系中的义务及应享有的权利；第五，规定管理活动实施的具体步骤、程序以及违反竞争管理法的法律责任等。

（2）我国流通竞争政策的目标与立法目的。

第一，政策目标。流通竞争政策的目标是指由国家竞争政策所确定的、通过竞争立法、执法和司法实现的一定社会经济目标，也是国家竞争政策基本的价值取向。我国流通竞争政策的目标应是通过有效竞争，实现效率优先兼顾公平，进而维护消费者、广大竞争者及社会公众利益。在完善我国竞争政策法律制度过程中，明确的政策目标十分重要，因为：一是明确的政策目标可以转化为具体的立法目的，减少或避免立法文件中的歧义、含混、疏漏或失误，增强其针对性和可操作性；二是明确的政策目标可以成为法官们统一解释和适用竞争法规则的一般指导原则，尤其是处理复杂案件的基本依据。具体地说，根据调整对象的特殊性要求和经济全球化的一般要求，中国竞争政策目标可分为价值取向、市场竞争模式和利益保护三个层次的目标。竞争政策作为实现和维护社会经济政策的工具，应将保护这种利益格局中的各方面利益作为其规范竞争行为的目标。当然，在不同国家和不同时期，由于社会经济政策所确定的利益格局往往各有差异，竞争政策对竞争者利益、消费者利益、社会公共利益的保护，不可能有统一和固定不变的模式。但相对而论，在竞争者利益、消费者利益和社会公共利益之间，竞争政策偏重保护消费者利益和社会公共利益，并且表现出更强调保护消费者利益的趋势；在经济规模不同的竞争者之间，反不正当竞争法偏重保护大型竞争者的利益，反垄断法偏重保护中小型竞争者的利益。

第二，立法目的。根据我国竞争政策的政策目标，其立法目的应该包括以下几个方面：一是维护自由和公平的竞争机制。首先，竞争政策法律的基点应当是维护竞争自由或者自由竞争，包括自由进出市场、自由实施市场行为以及有权排除限制自由竞争的行为。竞争政策法律维护竞争自由的方式是消除对自由竞争的限制，即通过对限制竞争自由行为的消除而达到的。例如，禁止限制竞争的协议、禁止滥用支配地段排挤竞争对手或限制消费者的自由，都是以维护竞争自由为目的。其次，竞争政策法律也维护了市场竞争的公平。在这一点上，反垄断法与反不正当竞争法规制重点不同，反垄断法更强调对自由的维护，而反不正当竞争法的基点则是维护竞争的公平，这是两者基本的差异。二是竞争政策法律更主要的是促进经济效益的提高。经济效益是竞争政策法律追求的基本目标，即通过对竞争自由的维护，使得资源得到优化配置，从而实现经济的高效率、公平和稳定。其中，效率是“资源配置使社会所有成员得到的总剩余最大化的性质”，平等或者公平是“福利在社会成员中分配的公平性”。市场经济的优越性就在于，在价格引导下，通过千百万个经营者和消费者的分散决策和交互作用，使资源得到最优化的配置。三是提高消费者福利。只有具有自由公平的竞争机制，才能够使生产者以低成本生产高质量的商品，同时，消费者以最低的价格购买到这些商品。四是维护市场统一和消除市场壁垒。在我国由计划经济向市场经济转轨的过渡条件下，各种分割、封锁市场的壁垒比比皆是，构成对统一市场和自由竞争的极大威胁，严重阻碍市场经济体制的建立。竞争法是维护市场统一和竞争自由的基本法律，维护市场统一和消除市场壁垒应当是我国竞争政策法律的重要立法目的，并且要通过特殊制度，如制止行政垄断、在垄断部门扶持竞争等，发挥维护市场统一的消除市场壁垒的作用。

**3. 我国流通领域竞争政策的框架**

我国的竞争法律规范应该主要包括五大部分：一是禁止滥用市场优势地位；二是禁止严重限制竞争的卡特尔；三是反不正当市场竞争行为等；四是控制企业合并；五是禁止政府及其部门滥用行政权力。

**4. 我国流通竞争政策的主要内容**

流通领域竞争政策的宏观调控与微观指引是一个国家竞争政策的具体体现，是由若干相互联系、相互补充的具体政策组成的，它们相互协调、相互平衡，共同为实现特定时期的政策目标而发挥作用。一个国家在特定时期内是以哪种政策目标为主，主要采取哪种类型的流通竞争政策，不仅要根据本国经济的总体发展水平，而且要结合当时流通业的具体情况加以确定。

“入世”后我国的流通竞争政策应包括以下具体内容。

（1）明确竞争者具有平等的主体资格。

无论是来自国内的竞争者还是国外的竞争者，其主体资格在法律上是平等的。如国有企业与民营企业、内资企业与外资企业，以及不同地区如东部地区与西部地区等，在市场竞争中他们应得到同样的机会，享受同样的待遇，适用同样的法律。根据“市场准入”原则，我们还应该明确竞争者获得一般意义上的竞争资格与竞争权利的前提条件和进入特定领域与范围的竞争者应具备的前提条件。这是指在明确竞争者平等地位的同时，也应该明确某些法律允许的特定保护对象，这是对主体资格的特殊要求。所谓特定的保护对象是指，某些在市场竞争中处于劣势的竞争者，因为随着“优胜劣汰”机制的运行，被淘汰的劣势竞争者往往会给其他竞争者带来负面影响，如导致中小企业的破产与劳动者的失业等。因此，竞争政策应反映对经济实力弱的中小企业的特殊保护。与此同时，界定竞争者可占有市场的产品生产与销售的数量及其比例，适当控制竞争者的经济实力的规模，为中小企业的生存与发展提供竞争的可能与空间，以缓和因过度竞争而产生的社会矛盾。

（2）明确竞争的领域与范围。

我们应根据世界贸易组织对成员国的要求和我国对入世的承诺，逐步开放国内市场。现阶段我们应根据“市场准入”原则来界定我国国内的竞争领域与范围，其中包括确定竞争商品与服务的种类及其价格构成，划分竞争的行业、部门、地区以及相应的条件。例如，1995 年国家计委、国家经贸委和外经贸部联合发布了《指导外商投资方向暂行规定》和《外商投资产业指导目录》，这是我国首次以法律形式对外公布鼓励、允许、限制和禁止外商在华投资的范围。根据规定，目前禁止外商投资的具体领域是：新闻业、广播影视业、军用武器生产业以及我国具有优势的传统轻工业及国家保护的动植物资源及绿茶及特种茶等。随着我国经济的发展，在限制、禁止外商准入的行业时我们应仔细衡量外资进入的利弊，及时进行调整、放宽。如在某些领域可以灵活掌握，只要不危及国计民生的安全，对促进这些产业的发展有巨大作用，可以由禁止改为限制，甚至允许。例如，在电信服务领域我国一直禁止外商进入。“入世”后，我国将同意外国投资者进入电信业。我国政府承诺，允许外资入驻 ICP（电信与信息服务业务经营），允许外商拥有所注资公司 49% 的股份，2 年后可拥有 50% 的股份。

（3）明确我国法律所禁止的反竞争行为。

反竞争行为主要是指，不正当竞争行为、垄断行为和限制竞争行为，一般是由一个国家的反不正当竞争法和反垄断法来界定其概念和种类。如何决定应该禁止的反竞争行为，取决于一国在特定时期的经济发展和竞争政策。我国在1993年颁布了反不正当竞争法，明确规定了11种不正当竞争行为，随着我国反垄断法的颁布，使我国“入世”以后难以应对的诸多影响市场经济正常运行的垄断问题得到了良好的解决。例如，“入世”后，跨国公司可以通过并购或建立合营企业的方式进入我国市场，其可凭借经济实力和产业优势取得我国的市场支配地位，进而滥用其市场势力，使我国原本薄弱的民族企业受到冲击，甚至倒闭。当时便有一些有识之士已经呼吁应尽早颁布我国的反垄断法，明确指出“我国当前制定和颁布反垄断法绝不是未雨绸缪，更不是超前，而是我国现实的经济体制改革的要求，是我们按照市场经济的规则进行运作的要求”。终于我国在2007年颁布了反垄断法，为应对诸多垄断竞争提供了法律依据。从国际经济发展来看，20世纪60年代以来跨国公司为了争夺国际市场纷纷进入发展中国家，这使许多发展中国家开始制定本国的竞争法以保护本国的经济。如1974年南斯拉夫颁布了《防止不正当竞争和垄断协议法》，1984年匈牙利颁布了《禁止非正当经济活动法》，1987年波兰制定了《反国民经济垄断法》等。我国反垄断法颁布时间虽然较迟，但在吸收大量经验后，所制定出的法律更加完善，也更符合我国国情，能够在重点规范跨国垄断行为、限制竞争性协议、禁止滥用市场支配地位，以及经济活动中的行政垄断行为中发挥重要作用。

（4）明确流通竞争政策法律执行机构的法律地位与权力范围。

流通竞争政策法律的实施依赖于强有力的竞争执法机构，执法的宽严直接关系到竞争政策的落实与效果。现代市场竞争都是一种有规则的竞争，而有规则竞争的实现又取决于保障措施的效率与权威。竞争政策一般仅体现采用何种措施才足以消除反竞争行为，竞争者在竞争过程中应承担哪些竞争权利、竞争义务与竞争责任，由哪一个机构来专门实施竞争执法职能，从而从根本上保证竞争目标的实现。我国在建立竞争法律制度时应设立一个权威、独立的执法机构，明确该机构的职权范围、操作程序、组织结构以及法律地位。从发达国家竞争政策法律的实践来看，在其他行政机关与司法机关不能解决有关反竞争案件时，一个高度权威的竞争执法机构尤为重要，它是保障一国竞争政策实现的关键所在。

（5）建立完善的流通领域竞争政策，客观上要求政府转变政府职能。

当市场成为配置资源的基础时，政府的职能就转向了创造和保持竞争制度、纠正和弥补市场功能缺陷、提供和保障社会公共产品和服务以及保持经济与社会发展过程的协调。政府职能的转变首先要从政府机构的转变开始。根据市场经济的客观要求，适应竞争的需要，政府机构的转变应该遵从这样一条原则，即加强职能性机构（如财政、税收、工商管理等部门），弱化部门性机构（如各个工业管理部门），组建和扩充新的市场监控机构（如反垄断局、各种监察机构）。其中最重要的是竞争法和竞争政策的实施监察机构，它的主要任务是监察一般性市场竞争部门的市场竞争活动，保护和促进竞争，重点是针对各种竞争限制行为，尽快组建国家反垄断局。

## 复习思考题

1. 流通政策有哪些作用？
2. 流通政策整体结构是什么？
3. 我国流通竞争政策主要包含了哪些内容？

# 参考文献


[1] 王晓东，王诗桪．中国商品流通效率及其影响因素测度——基于非线性流程的DEA模型改进［J］．财贸经济，2016（5）：119－130，159.

[2] 康迪，陈俭．基于商品流通视域的市场营销学理论研究［J］．商业经济研究，2017（6）：56－58.

[3] 郭昀．商品流通企业存货内部控制关键控制点及措施分析［J］．会计师，2017（16）：47－48.

[4] 崔玉蕾．区域物流能力对商品流通格局的影响［J］．商业经济研究，2016（4）：86－88.

[5] 王娟娟．供给侧改革视角下的中国制造与商品流通协同发展战略研究［J］．西北民族大学学报（哲学社会科学版），2016（3）：160－168.

[6] 黄雨婷，刘向东．商品流通渠道组织化与出口企业的外贸转内销调整——互联网经济下的新探索［J］．财贸经济，2016（9）：112－125.

[7] 谢莉娟，王晓东．中国商品流通费用的影响因素探析——基于马克思流通费用构成的经验识别［J］．财贸经济，2014（12）：75－86.

[8] 张晖．我国商品流通产业国际比较研究及产业组织结构优化建议［J］．商业经济研究，2017（23）：15－17.

[9] 田博，欧光军，汪奎．基于主成分回归分析的商品流通企业物流成本预测研究——以H公司为例［J］．商业经济研究，2018（5）：123－126.

[10] 马静．"互联网＋"环境下电子商务发展对商品流通渠道的影响分析［J］．商业经济研究，2018（5）：88－90.

[11] 魏蕾．零售品牌商品流通渠道整合与优化分析［J］．商业经济研究，2018（7）：39－41.

［12］郭超．商品流通企业融资租赁经营风险预测分析［J］．商业经济研究，2018（11）：125－127.

［13］郑丽芬．商品流通效率评价体系构建与实证研究［J］．商业经济研究，2018（16）：9－12.

［14］保建云．大国博弈中的全球产业链分化重构［J］．人民论坛·学术前沿，2018（18）：45－55.

［15］李飞，刘明葳．中国商品流通现代化的评价指标体系研究［J］．清华大学学报（哲学社会科学版），2005（3）：12－17.

［16］罗光强，王芳．大数据背景下 B2C 农超对接商品流通模式创新策略［J］．农业经济，2019（2）：118－120.

［17］焦阳．电子商务环境下农村商品流通网络构建机制研究［J］．商业经济研究，2019（5）：105－107.

［18］任小芳．互联网时代下电子商务发展对商品流通模式的影响［J］．商业经济研究，2019（8）：73－76.

［19］宁鹏飞．基于冷链物流信息的城乡商贸流通一体化水平评价体系构建［J］．商业经济研究，2019（9）：26－28.

［20］李辉华．论商品流通与货币流通之间的动态理论关系：分离与耦合［J］．财经理论研究，2019（3）：1－13.

［21］王晓东．电子商务中大宗商品流通模式创新［J］．商业经济研究，2019（18）：88－90.

［22］徐凌峰．浅谈商品流通企业加强存货管理的对策［J］．纳税，2019，13（28）：269，272.

［23］桂良军，惠楠，王彦伟．商品流通过程成本控制探究——基于商品流通企业视角［J］．会计之友，2011（26）：40－43.

［24］朱咏梅．商品流通企业财务风险的成因及防范措施分析［J］．现代商业，2019（35）：31－32.

［25］蒲进．我国商品流通模式的发展历程及现状分析［J］．商业经济，2020（3）：134－136.

［26］何婷．个性化消费、市场结构与商品流通效率的关联性分析［J］．商业经

济研究，2020（4）：40 - 42.

［27］张喜才，陈秀兰．农村商品流通网络的整合发展［J］．中国流通经济，2014，28（4）：20 - 26.